阅读成就思想……

Read to Achieve

呆萌营销心理学

让人无法抗拒的销售魔法

HOOKED

[英] 帕特里克·费根（Patrick Fagan）◎著
诸葛雯◎译

Why cute sells...and other marketing magic that we just can't resist

心理学与商业应用系列

中国人民大学出版社
·北京·

图书在版编目（CIP）数据

呆萌营销心理学：让人无法抗拒的销售魔法/（英）帕特里克·费根（Patrick Fagan）著；诸葛雯译.—北京：中国人民大学出版社，2020.1
　书名原文：Hooked: Why cute sells.and other marketing magic that we just can't resist
　ISBN 978-7-300-27629-8

Ⅰ.①呆… Ⅱ.①帕… ②诸… Ⅲ.①市场心理学 Ⅳ.①F713.55

中国版本图书馆 CIP 数据核字（2019）第238683号

呆萌营销心理学：让人无法抗拒的销售魔法
[英] 帕特里克·费根　著
诸葛雯　译
Daimeng Yingxiao Xinlixue: Rang Ren Wufa Kangju de Xiaoshou Mofa

出版发行	中国人民大学出版社		
社　　址	北京中关村大街31号	邮政编码	100080
电　　话	010-62511242（总编室）		010-62511770（质管部）
	010-82501766（邮购部）		010-62514148（门市部）
	010-62515195（发行公司）		010-62515275（盗版举报）
网　　址	http:// www.crup.com.cn		
经　　销	新华书店		
印　　刷	天津中印联印务有限公司		
规　　格	170 mm×230 mm　16开本	版　次	2020年1月第1版
印　　张	11.75　插页1	印　次	2020年1月第1次印刷
字　　数	110 000	定　价	79.00元

版权所有　　侵权必究　　印装差错　　负责调换

序言 #HOOKED
开启呆萌之路

仔细看看这只小狗——菲格尔斯诺夫。

多亏了菲格尔斯诺夫先生,你会更加留意自己将读到的一切。事实上,研究人员已经表明,呆萌动物的照片能够提高人们的专注度。

这听起来很奇怪,而且也有违常理,但是科学告诉我们,事实就是如此——关键就在于此。说到有效沟通,即传达让人无法挪开视线的黏性信息(本书中的"信息"是指包括广告、品牌推广、广告直邮、电子邮件,社交媒体上的帖子、编辑寄语、推销广告以及商务演示在内的企业传播方式）。许多商务人士仍在黑暗中四处摸索，暗自揣测。然而，在很多情况下，但凡他们认为正确的做法，其实都是错误的，而他们认为错误的念头，却又全都正确。

以美国家庭人寿保险公司 Aflac 为例。2003 年，该公司的首席执行官丹尼尔·P. 阿莫斯（Daniel P. Amos）在开展新一轮广告宣传时提出了一个奇怪的点子：制作一只喊出品牌名字"Aflac"的鸭子。仅此而已。

公司内部没有人认为这只鸭子能够获得成功——开玩笑呢？

阿莫斯回忆道：

> 我试图把我的想法解释给他们听，可是没人能够理解。'好吧，我想制作一只鸭子，'我说道，'它嘴里叫着 Aflac。'此时，人们的反应出奇地一致：他们全都一言不发地盯着我看。于是，我不再跟他们浪费口舌。我甚至都没有把这件事告诉董事会；我只跟他们说，我们正在尝试一次十分大胆并且极富创意的广告宣传。"

也许你和 Aflac 公司的高管们一样，并不认为这只具有部分意识的古怪鸭子能够获得成功，也不认为它真的可以对人们产生影响，促进公司业务增长；可事实却截然相反。阿莫斯说，这个广告帮助公司在接下来的七年中提高了 44% 的收入。

那么，为何这样的信息能够发挥效用？它又为何无法发挥作用呢？心理学可以带给我们怎样的启示？

亲爱的读者，请继续往下阅读，自己寻找答案吧！不过在此期间，我将为你献上一道开胃菜——一项有趣的实验。

这项研究对都市传说进行了调查。你是否曾听人说过，有人买了一个麦当劳鸡肉汉堡，结果却一口咬到一个肥大多汁的"肿块"？如果你在吃完巧克力后会打喷嚏，那是因为你吃到了在巧克力的制作过程中不幸掉进原材料中，而且早已被碾成粉末的昆虫？（这好像是真的，抱歉！）

这些例子可以帮助你了解，什么样的都市传闻最具黏性。研究人员请被试们阅读了一些广为流传的都市传闻，并让他们根据一系列因素，如情绪的诱发程度与传播故事的可能性等对故事进行评分。图 1 展示了影响传阅率变量的各种因素的预测能力。

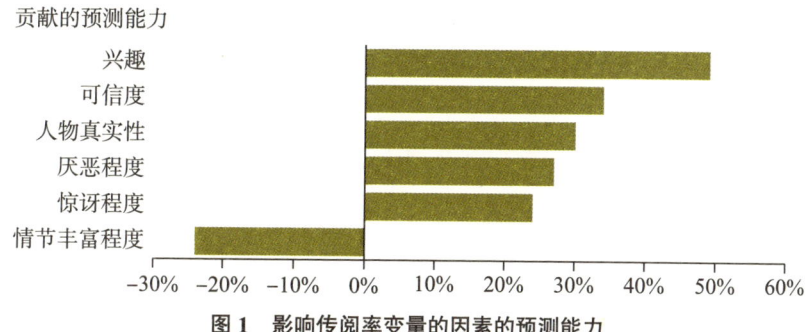

图1　影响传阅率变量的因素的预测能力

（图中从上到下依次为：兴趣、可信度、人物真实性、厌恶程度、惊讶程度、情节丰富程度；纵轴标题为"贡献的预测能力"，横轴范围从-30%到60%）

这项实验强调了情绪（厌恶程度）、惊讶、好奇心（兴趣）、叙事（人物真实性）与流畅性（情节简单）对黏性的重要性。本书即将教授给你10个心理学原理，可以让你的信息抓住人心，而上述内容只不过是其中的五项。

1. **原始本能**。我们的"猴脑"依然会对我们留意的东西产生巨大的影响。例如，性营销确实成功，虽然这么说一点儿也不性感。

2. **情绪情感**。我们全都亲身经历过、感受过情感所具备的夺人眼球的力量——很多人会耗费几个小时的时间，泡在网上观看有关小猫和小狗的在线视频。

3. **自我相关**。让我们来设想一下：此刻你正在沿街而行，而身旁走过的陌生人穿着一件印有你面孔的T恤。你绝对能够一眼就发现自己的照片。

4. **出其不意**。如果服务生将一摞盘子掉落到地板上，几乎人人都会扭头查看（一些人甚至会鼓掌）。关注令人惊讶的事情是我们的天性。

5. **神秘悬疑**。与填字游戏、代码和数独相关的完整产业足以证明我们与生俱来的解开谜团、"缩小理解上的差距"的欲望。

6. **轻松休闲**。人们往往没有时间与精力留意信息，但大多数情况下，人们只是懒惰。自动扶梯与楼梯，你会更多地选择哪一个？

7. **讲述故事**。长久以来，人类这一物种一直在使用叙事来构建和分享信息——故事是我们集体心理的一部分；故事能引人入胜。

8. **进入记忆**。通常在阅读完信息很久之后，该信息才能对行为产生影响。因此，重要的是记住信息。

9. **自动模式**。我们的脑力极其有限，所以我们会使用无意识的捷径或经验法则——启发式（heuristics）来指导我们的行为。这些可以借由信息"启动"。

10. **启动效应**。如果告诉你别去想北极熊，你就一定会想到北极熊。启动效应通过让人们明显地意识到某种想法的存在而对行为施加影响。

了解了上述这些心理学原理之后，你的信息将被人们看到，你的声音也将被人们听到！

Contents
目　录

第一部分　从全新的视角看待信息传播方式
- 01　信息的传播 6
- 02　大脑 20

第二部分　引人注意
- 03　原始本能 30
- 04　情绪情感 40
- 05　自我相关 51
- 06　出其不意 61

第三部分　发人深省
- 07　神秘悬疑 79
- 08　轻松休闲 90
- 09　讲述故事 98

第四部分　促人行动
- 10　进入记忆 112
- 11　自动模式 119
- 12　启动效应 136

第五部分　投入实践

13　促销活动 **148**
14　线上促销 **154**
15　广告直邮 **160**
16　人在职场 **165**
17　测试、测试、再测试 **170**

　　　结论 **175**

第一部分

从全新的视角看待信息传播方式

引人深思的假设及实例

> 直效止痛膏：可以直接涂抹在额头的止痛膏！直效止痛膏：可以直接涂抹在额头的止痛膏！直效止痛膏：可以直接涂抹在额头的止痛膏！"

这也许可以算是史上最糟糕的广告之一了。直效止痛膏是一种唇膏状的产品，其制造商宣称，只要将该产品涂抹在前额便可缓解头疼；厂家自然拿不出任何证据来证明产品的实际效果。也许正因如此，该品牌的广告内容受到了限制，所以厂家才会通过简单粗暴的复制粘贴制作了上述广告。

这则广告既简单又恼人，但是你猜怎么着？效果居然奇好。自广告播出以来，该产品销量同比增长了234%。

再举个例子。多数英国读者都对比价网站 Go Compare 极为熟悉。说得更具体一些，大家所熟悉的是该网站邀请男高音歌唱家怀恩·埃文斯（Wyn Evans）所扮演的吉祥物吉奥·孔帕里奥（Gio Compario），这家伙让人一看就生出一肚子火来。如果你"幸运"地错过了这则广告，就让我来为你简单介绍一下。在 Go Compare 于 2009 年所发布的广告中，一位身穿燕尾服且身材魁梧的歌剧演员演唱了一支洗脑神曲。中分的发型令他看起来十分滑稽，更搞笑的是，他的八字胡还拧成了麻花。

这则广告很怪异、很独特，也很招人烦。它遭人鄙视、被人厌恶，甚至被评为2009 年与 2010 年最令人讨厌的广告。由于观众实在是讨厌它，网站在随后推出的广告宣传中，用各种方式令这位男高音死于非命，其中还包括被火箭炮击中。最终，他在 2014 年被公司彻底抛弃。公司的首席营销官凯文·休斯（Kevin Hughes）说："这样做存在风险，不过品牌应该听取顾客的意见。"

不过，真的是这样吗？

也许抛弃埃文斯所扮演的这个吉祥物是公司下意识的行为——毕竟，顾客们确实很讨厌他。然而，直觉与假设往往并不正确，真正重要的是证据。

广告投放三个月后，Go Compare 的客户数量增长了 20%，报价量上涨了 44%，而客户的品牌意识度则飙升了 450%。换句话说，广告颇有成效。也许选择放弃是一项错误的决定，而且对信息传递方式的错误假设正是造成错误的前提（尽管现在这一点还无法从数据上体现出来）。

此类例子突显了从全新的视角看待信息传递方式并挑战陈旧思维的必要性。

随机漫步的傻瓜

聪明的汉斯是一匹马——人们一直认为它是一匹聪明的马。20 世纪初，汉斯与它的主人威廉·冯·奥斯滕（Wilhelm von Osten）走遍了德国，为慕名而来的人们表演了一系列令人惊叹的特技；汉斯的计算能力甚至令一些人都自愧不如。例如，如果冯·奥斯滕要求汉斯进行加法运算，汉斯就会用马蹄敲出问题的答案。然而不幸的是，天底下哪有这么美的事：不管你信不信，马通常都不具备计算能力。一项调查发现，在主人无意识且几乎不可察的肢体语言的暗示下，汉斯会开始或停止敲击马蹄的动作——给出正确答案后获得的美味食物形成了这种条件反射。

然而，聪明的汉斯这一案例却向我们揭示出一个具有独创性的观点。所有动物都能在受到启发后发现环境中存在的模式；否则，它们就无法意识到某些浆果具有毒性这类事实了。

许多实验早已证明，从马到人类，天生就能发现各种模式。例如，研究表明，人们能够推断出按照特定模式排列的纸牌的顺序，即便他们无法明确描述这种模式或是解释自己为何能够正确猜测出下一张纸牌的花色。

这种现象也可能存在不足之处。有时，我们会发现事实上并不存在的模式——所谓的脑补症（apophena）。

在《随机漫步的傻瓜》（*Fooled by Randomness*）一书中，纳西姆·塔利布（Nassim Taleb）解释道：

> "……我们并非生来便将事物视作相互独立的个体。观察 A、B 两个事件时，很难不去假设 A 导致了 B、B 引发了 A，或是两者互为导火索。我们所持的偏见是立即在两者之间建立起因果关系。"

发现根本不存在的模式

你手头有 200 英镑的闲钱吗？为什么不去 GhostStop 网站挑选一台 Zoom 360°超自然电子异象记录仪来捕捉幽灵的声音，听它们讲述令人毛骨悚然的故事？只需前往一间闹鬼的屋子，录下屋内的寂静之声，并在播放时将音量调至最大，你就能听见夹杂在静电干扰中的诡异的幽灵低语。

好吧，幽灵之声根本不存在，这只不过是那些根本不存在的模式的例子之一。此类例子还包括看见月中人（the man in the moon）的脸等幻想性视错觉

(pareidolia)以及热手(hot hand)谬误,即一旦赌徒相信自己已经开启了逢赌必赢的模式,不再任由命运摆布时,便会投下赌注。

问题的关键就在于,多数人相信自己所谓的模式,这些也许并不真实的模式会对信息的效力产生影响。这似乎并不科学。

例如,你也许会认为,宣传香烟危害的信息有助于阻止人们吸烟。事实上,研究表明,劝阻人们不要吸烟的信息也许会产生截然相反的效果,因为这些信息在我们的头脑中强化了吸烟的念头并诱使人们将其付诸行动。

我们所生活的时代被广告经理鲍勃·霍夫曼(Bob Hoffman)称作"废话的黄金时代",即今天的信息制造者,尤其是营销人员与广告商,全都满口胡话。他们所谓的有效法则全都以几十年的理论研究、创造性思维与头脑风暴为基础,但却几乎没有任何证据的支撑。

行动方案

想象一下,你在"马肉丑闻"[①]——人们在超市里的许多肉类产品中均发现了马肉的成分(这种情况完全不应该出现)——之后,在一家食品公司担任公关经理。

为回应这一丑闻,编辑一条不超过140字的推文,并从该公司的Twitter账户发出。

现在,花五分钟时间想一想,你为什么要写这篇推文?你想要实现的目标是什么,你又打算如何去实现?支撑这些想法的原理是什么?它们又从何而来?你确定这些原理正确无误吗?它们的科学证据是什么?

史蒂芬·柯维(Steven Covey)在《高效能人士的七个习惯》(*The 7 Habits of Highly Effective People*)中概述了下图所示的"看、做、得"模式。许多人将时间花在了"做"(将自己的信念付诸行动)与"得"(回顾、解释行为结果)上,但却很少有人会花时间去"看"。换句话说,柯维指出,很少有人会花时间去思考与挑战自己的基本信念,而这一点恰恰是成功的重要因素。

[①] 2013年1月,瑞典、英国、法国和德国在部分牛肉制品中发现了马肉。爱尔兰、荷兰、罗马尼亚等多个欧洲国家均卷入了该丑闻之中,引发了消费者的巨大反感。——译者注

某篇论文的作者们查阅了当时所有的顶级营销教科书，找到了成百上千条指导意见。不过，猜一猜其中有多少得到了证据的支撑？

一条也没有。

霍夫曼写道：

> 接受过放血术培训的执业医师们从未质疑过它的疗效。他们只是单纯地认为它是有效的，因为学校就是这样教的。他们轻易地将某些病人的病情好转归功于放血术……今天，我们也面临着类似的问题……近20年来，广告学专业、市场营销课程以及职业发展课程教授给人们的那些原理，如今都已经被贴上了'存在严重缺陷'或是'简直是一派胡言'的标签……我还从未遇见过这样的情况，整整一代营销与广告从业人员所学习的竟是一整套缺乏事实依据并且受到趣闻轶事与虚幻故事影响的原则。"

因此，当我们发现富尔奈斯咨询集团（The Fournaise Group）的调查结果显示，70%的首席执行官已不再认为营销人员有能力实现切实的经营成果；全球各大品牌都在大幅削减营销部门的编制时，也就见怪不怪了。

事实上，多数专业和商业信息并没有多大用处。它们大多基于虚假的消息与直觉，而且都是一些糟糕的直觉。

你呢？你觉得怎样的信息才具有效力？试试下面的测验吧。

信念	正确	错误
只有能够改变人们态度的信息才能改变他们的行为		
只有喜欢信息或信息的发送者，信息才能起作用		
多数时候，我们都会在深思熟虑之后对信息做出回应		
人们会有意识地决定应该留意哪些信息		
只有有意处理过的信息才能产生影响		
只有具有说服力的信息才能产生影响		
含有理性内容的信息才是最有效的信息		
阅读信息比在头脑中思考信息更为有效		
信息中所包含的信息量越大越好		
信息中应避免出现负面情绪		

只要你的答案中有"正确"这个选项，你的信息沟通就未达到最佳效果。那么，科学是怎么说的呢？

01 #HOOKED
信息的传播

如果不介意的话，你可以把自己假想成一只黑猩猩。当你正在坦桑尼亚嬉戏打闹的时候，突然瞥见一种之前从未见过、但闻起来香甜可口的水果，而且你绞尽脑汁也没能砸开它坚硬的外壳吃到里面多汁的果肉。然而，一只同行的黑猩猩却知道应该怎么做。它抱着这只水果又是砸又是拧，居然把它弄开了。

你也开始试着模仿它的动作，但是一开始并没有奏效。这时，你会怎样做呢？你是会：（a）不断模仿猩猩朋友的动作；（b）选择放弃，自寻答案？

作为人类，你也许会选择（a），效仿同伴的做法；但是一只真正的黑猩猩则会选择（b）。维基·霍纳（Vicky Horner）与安德鲁·怀滕（Andrew Whiten）曾在2005年发表过针对该问题的实验研究结果。他们分别对黑猩猩与儿童进行了实验，向他（它）们演示了打开动物智力训练箱，取出美味食物的技巧。然而，研究人员却欺骗了部分被试，尽管他们好像确实在这些人面前成功打开了箱子，但其实这些方法根本没有任何效果。

研究人员发现，人类儿童似乎会始终坚持使用自己从别人那里学来的方法，而黑猩猩们却很快将它抛到脑后，开始自己捣鼓。实验得出的结论就是，人类是独一无二的社会学习者。

最重要的是，灵长类动物学家们发现，人类与灵长类动物都存在一些相同的认知偏差（cognitive biases）。例如，在一项历时几个月的研究中，耶鲁大学的研究人员向僧帽猴发放了一些小圆盘，教会它们利用这些圆盘来换取食物，最终设法让它们理解了货币的价值。猴子所表现出的财务行为同样也会出现在人类的身上。研究人员观察到，其中一只猴子用这些圆盘换取了与母猴发生性关系的机会（这确实是世界上最古老的行业）；除此之外，猴子也表现出了认知偏差，如损失厌恶（loss aversion），即由于天生害怕遭受损失，物品的卖价往往会高于其买价。同样，人类也会冒犯自己的同事，如果觉得雇主的行事有失偏颇，他们也会在工作中消极懈怠；如果僧帽猴发现训导员只给了它一根黄瓜，而另一只猴子却得到了美味的葡萄，它就会将黄瓜甩到训导员的脸上。

另一方面，从他人所传递的信息中寻找线索是人类所独有的偏见。除了霍纳与怀滕的研究之外，另一项研究的实例也表明，指示性手势也是人类独有的特性——除了人类，只有人工驯养的黑猩猩才能学会这一点。与此同时，未满12个月的人类婴儿就能学会通过指示性手势来表达社会意义。

社会认知

社会认知领域的大量案例研究可以证明社会信息会对人类行为产生巨大的影响。

也许其中最为知名的当属凯蒂·吉诺维斯（Kitty Genovese）案件。故事是这样的：凯蒂·吉诺维斯是一位很有魅力的28岁女性。1964年的一天夜里，她在纽约市皇后区自己的住处附近被人刺死。一个非常重要的细节是，据说当时凯蒂曾大声呼救，尽管住在附近的许多居民都听见了她的叫喊，但却没有一个人拨打紧急救助电话。人们认为"责任分散效应（the diffusion of responsibility）"在其中发挥了作用——人人都认为别人会伸出援助之手，因此自己所肩负的责任就减少了。最近的调查显示，凯蒂·吉诺维斯的案例也许根本不足为信。然而，此后的心理学实验却为这一原则提供了支撑。在一项伟大的研究中，实验被试们独自坐在房中等待实验开始的指令。在他们等待的过程中，研究人员利用通风口向房内释放烟雾。被试们或是独自坐在房内，或是与另外两个人待在一起。这两个人其实都是实验方请来的演员，他们接到的指示是无视这些烟雾。在独处的人中，有75%的人离开了房间去寻求帮助；而在存在消极参与者的情况下，只有10%的人做出了同样的选择。

就有效信息而言，之前的观点具有两项重要的含义。我们将在后面的部分中进行更详细的介绍。如果能够理解社会认知偏差，就能增强信息的有效性。

信息社交化

你是否曾经通过电子邮件向办公室的同事们提出过重要请求，并且将这份邮件抄送给了所有同事？也许你只是请他们在募捐平台轻松捐（JustGiving）上为你的马拉松长跑项目捐款，抑或是征召志愿者。无论你打算实现怎样的目标，都存在更好的做法。

当你通过电子邮件提出请求时，通常应避免随意使用抄送功能。这不仅是为了避免犯下令人讨厌的社交错误（例如，一家位于马萨诸塞州的五兄弟餐厅的经理在一封邮件中将自己的客户称作"傻子"，并在无意间将这封邮件抄送给了这位客户本人），也是为了防止出现责任分散效应。

为了证明这一点，在一项研究中，一所大学的学生收到了某位同学发来的一封主题为"求助"的电子邮件。这位同学在信中向学生们咨询这所大学是否开设了生物学专业。这封邮件或是直接发送给收件人，或是同时发送给了收件人与另外四名学生。直接收到邮件的人中有64%的人做出了回复，而发送给多个收件人的邮件只有50%的人做出了回复。

因此，只有将社交原则考虑在内的信息才最有效。

信息为什么重要

更具普遍性的第二条原则是，传递信息是人类这一物种的重要组成特征——正是因为如此，掌握正确的信息传递方式就显得十分重要了。

实现有效沟通这个愿望一直是人类所取得的一些伟大成就背后的推动力。英国发明家威廉·亨利·福克斯·塔尔博特（William Henry Fox Talbot）首创了极具影响力的摄影技术，这项技术直到今天依然在广泛使用。1833年，塔尔博特在意大利的科莫湖度假；那里的美景令他流连忘返，他将风景速写下来，希望回家之后可以与家人和朋友分享。然而，一番努力之后，他发现自己根本无法在写生簿中捕捉到那里的美。他由此受到启发，决心发明一种可以精确描摹美丽景色并便于与人分享的机器。

让我们快进到近两百年后的今天。根据Facebook的最新统计，每天有8.3亿人在使用摄影这项技术。塔尔博特希望与家人和朋友分享美丽的科莫湖景的欲望已经发展出了Facebook、Instagram以及短视频网站Vine等。较之以往，信息在我们的生活中占据了更重要的部分。

据估计，自2010年起，全球互联网的普及率增长了760%。现在，全球40%的人口（即30亿人）可以访问互联网。2018年，每月的互联网流量已达到83 299拍字节（即83 299万亿字节）。说得更具体一些，这相当于存储大约34万亿首MP3歌曲的容量。

仅以2010年为例，谷歌首席执行官埃里克·施密特（Eric Schmidt）说："自人类进入文明社会至2003年，共产生了5艾字节[①]的信息，但是现在每两天产生的信息就有那么多。"

因此，人类不仅在进化过程中产生了这种与生俱来的、想要进行良好沟通的欲望，而且技术的发展也意味着无效信息最终只能在噪音中消亡。人们平均每天会收到88封电子邮件，会花费40分钟浏览网页，而且会收到3500份广告。所以，企业的信息必须穿透越来越多的干扰层，否则就是在浪费时间与金钱。

那么，如何才能创建有效的信息呢？让我们先从已经被广为接受的观点说起。

促使他人开始阅读的传统方法

也许最知名的有效沟通模型当属理查德·佩蒂（Richard Petty）与约翰·卡乔波（John Cacioppo）针对说服力所提出的精细加工可能性模型（elaboration-likelihood model）。该模型认为，人们在"使用信息的方式与信息受众处理信息的方式是否一致"这个问题上所表现出的不同态度会导致不同的沟通效果。

如果受众通过中心路径（the central route）处理信息，就会进行许多有意识且慎重的思考[即精细加工（elaboration）]。在这种情况下，包含理性信息的信息才属于有效信息。例如，在这种情况下，如果某厕纸品牌（姑且称之为斯纳福牌）发布一则新闻稿，宣传该产品柔软的触感与良好的吸水性，那这篇新闻稿也许还会讨论该产品在擦拭油污、可乐等污渍的对照实验中的表现。然而，如果受众通过外周路径（the peripheral route）来处理这条信息，那他们就不会花心思去思考（精细加工），而信息所产生的影响也就会相应地减少。此时，斯纳福也许就应该通过，例如拉布拉多幼犬的形象来暗示厕纸的蓬松感与吸水性。表1-1说明了受众处理信息的两种路径。

表1-1　　　　　　　　　受众处理信息的路径

说服的中心路径	说服的外周路径
受众采取直接、完全（或中心）的途径处理消息中的信息。此时，明示信息最为有效，因为受众会对其进行有意识的处理	受众采取含蓄、迂回（或外周）的途径处理信息。在这种情况下，隐含的或感觉的信息是最有效的，因为受众会在无意间对其进行处理

---

① 1艾字节相当于2^{60}字节。——译者注

该模型指出，消费者在处理信息时会根据动机（如愿意耗费更多精力思考介绍器官捐赠的传单，而不是购买女童子军饼干）以及能力（如智力和抗干扰能力等）来选择中心或外周路径。

> **练习**
>
> **中心与外周路径**
>
> 首先，回忆一则采取中心路径来说服受众（即通过理性信息来说服人们）的广告。具体来说，这则广告究竟说了些什么呢？
>
> 现在，再回想一条采用了外周路径（即所含的理性信息不多甚至没有，而是通过情感或感觉信息进行交流）的广告。请描述一下这则广告。
>
> 你认为这两则广告的效果如何？也就是说，它们对行为产生了多大的影响？
>
> 中心：☆☆☆☆☆　　　　　　　　外周：☆☆☆☆☆
>
> 为什么呢？

然而，这个模型与传播学文献中的其他模型一样，存在三个明显的问题。

第一个潜在的问题是，该模型认为态度的改变至关重要。阿杰恩（Azjen）就在计划行为理论（theory of planned behaviour）中更加明确地支持了"态度的改变会导致行为的改变"的观点。

然而，事实确实如此吗？

言与行

让我们回到直效止痛膏与 Go Compare 的广告上来，消费者究竟对广告持有积极还是消极态度似乎与广告能否成功无关。事实上，一项针对广告研究的大规模综述发现，广告重复的次数越多，消费者对它的感受就会越差——但是销售额不仅不会下跌，还会随着广告的不断重复而节节攀升！

1934 年，理查德·拉皮尔（Richard LaPiere）进行了一项开创性的研究，对假定的态度–行为关系提出了质疑。20 世纪 30 年代，拉皮尔与他的中国学生夫妇一起走遍了美国；在三人经常光顾的 251 家宾馆、汽车旅馆和餐馆中，只有一家拒绝为他们提供服务。后来，拉皮尔对所有公司进行了调查，并询问他们："你们会为中国人提供服务吗？"

超过九成回应者表示，他们拒绝为中国客户提供服务。该研究结果可以被视为行为通常迥异于态度的证据。

当然，不少人对拉皮尔所采取的方法论存有疑虑（毕竟，这对中国夫妇是在一位白人教授的陪同下进行实验的），但是最近的研究也为这项一般性原则提供了支持。例如，研究人员在 2012 年进行的一项实验中请一群学生做出评价：较之于不作为，他们会在多大程度上采取行动；显然，他们更倾向于采取行动。然而，当被问及他们是愿意尽快参加考试，还是推迟考试日期时，更多的学生选择了后者。研究人员由此将论文的题目定为了《随我所言（非我所行）》[*Do as I say (not as I Do)*]。

更为明确的是，一份早期的研究综述发现，态度与行为之间的平均相关系数很少会超过 0.30，而且这个数字往往更接近于 0。研究人员指出："态度与外显行为之间不存在相关性或是相关性极低的可能性更大。"

最近发表的综述则对这种关联性表现出了更积极的态度，它发现 1995 年的平均相关系数为 0.38，而 2006 年则上升到了 0.52，但这仍然与 1∶1 的关系相去甚远。

个中原因就是，通常人们对潜意识中的行为驱动因素一无所知，因此才创造出所谓的"朴素理论（naïve theories）"在事后对自己的行为进行合理化解释或是对未来的行为进行预测。正如行为科学家科林·卡默勒（Colin Camerer）所说的那样："人类的大脑就如同配备了'新闻秘书'的猴子大脑，这位秘书巧舌如簧，善于编造各种理由来解释人类的行为，同时他也更重视经过深思熟虑而非肤浅幼稚的解释。"

本杰明·利贝（Benjamin Libet）及其同事所开展的一项开创性研究不加掩饰地指出，自由意志只不过是一种假象。简言之，他们要求实验被试在闲暇时按下按钮并指出自己何时决定按下按钮。脑电波帽（EEG cap）记录了每个被试的大脑活动，以便测量大脑何时启动按下按钮的动作。

而做出按下按钮这个决定与大脑真正采取行动之间间隔了多久呢？平均 0.350 毫秒。换句话说，大脑在被试"做出决定"之前就已经采取了行动。这意味着我们的"决定"实际上是一种后期合理化行为。态度无法较好地对行为做出预测，因为它们不是行为的决定因素，而是一种解释因素。

不仅如此，事实上，行为反倒有可能会驱动态度，而非受到态度的驱动。在一项针对面部反馈假设所进行的非常有趣的实验中，研究人员要求被试用嘴衔住一支钢笔——他们要求一些被试要像衔玫瑰花那样用牙咬住钢笔，而另一些被试则要像叼香烟那样将笔含在嘴里。然后，这些实验被试们观看了一些动画片并就其趣味性进行评分。如图1–1所示，那些因为咬着笔而做出微笑表情的被试认为这些动画片更有趣。在这个实验中，行为（微笑）驱动了态度（对动画片的积极看法）。

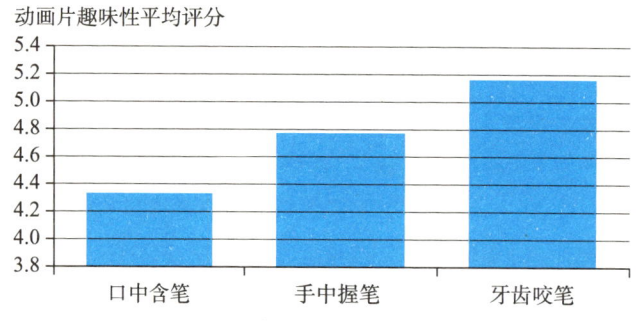

图 1–1　对动画片趣味性的评分对比

另一项可以证明这一点的伟大研究则要求被试填写一份夹在写字板上的调查表，就与以色列及巴勒斯坦相关的一些问题表达个人意见。当被试翻过已经答完的页面，回答后面的题目时，研究人员偷偷粘在写字板背面的黏性纸片会粘掉被试的原始答案，留下与他们的实际信念完全相反的答案。随后，研究人员要求被试对自己的答案做出解释。超过半数（53%）的被试均未留意到自己的答案被人做了手脚，因此，他们全为自己根本没有选择过的意见进行了辩护。

结论就是，我们往往无法通过态度来预测行为；如果信息的目标是改变行为，那么直接利用心理原则要有效得多。

"黑猩猩的大脑"：为无理性做好准备

与第一个问题类似，上述模型的第二个问题就是，它过于强调受众理性的一面。我们将在下文中提及，只有少数认知加工过程是有意识的。该模型声称，如果人们的积极性很高，往往会选择外周路径来处理信息。然而，研究发现，人们在阅读那些推销昂贵的发薪日贷款的信函时，在对退休金计划做出回应时，甚至是医生在为患者开药时，微妙的无意识原则都会产生显著的效果。

事实上，研究表明，当广告内容完全属于情绪信息，仅包含少量甚至根本不包含理性信息时，广告才能发挥最大的效用。因此，最佳信息也许就是那些完全忽视信息决策过程中理性面的信息；至少，给予这两个系统同等程度的重视也许是一个错误。

第三个，也是最后一个问题是，该模型明显无法应用到现实世界中。因为在现实世界中，人们留意到信息的可能性很小，而且在人们看到信息与做出你所期望的行为之间通常存在显著的时滞。

假设你正在办公室里发送一份备忘录，提醒人们不要从公用冰箱中偷拿别人的三明治（是的，你没听错！）。但是首先，对方的收件箱里也许已经塞满了急需处理的电子邮件，你的这封邮件也许早已被淹没，一直没有被人点开；即便有人真的点开了邮件，也可能在瞥了两眼之后，就将它忘到了脑后。其次，邮件对行为所产生的预期影响至少也要到几个小时之后才会出现。

正是因为如此，研究表明，高度振奋人心（即能够引起注意）的信息更有可能获得成功，那些更令人难忘的信息也是如此。例如，伦敦大学学院的神经科学家连同南澳大学营销研究中心以及玛氏公司共同进行了一项实验，调查哪些指标能够最好地预测广告的市场销售业绩。前三个最重要的指标中有两个是大脑海马区的激活（即记忆）和大脑皮层顶叶的激活（即注意）。

什么能起作用呢

总之，与标准的传播模式相比，为了使信息能奏效，我们需要更多地通过无意识的途径将信息传达给受众——利用心理学原理让他们留意并且记住我们的信息，助推他们采取行动，而不是试图改变他们的态度。

那么，还有什么别的方法吗？

一个较为流行的理解广告效果的框架就是俗称的"购买路径"（path to purchase）——从意识到购买，如图1-2所示。

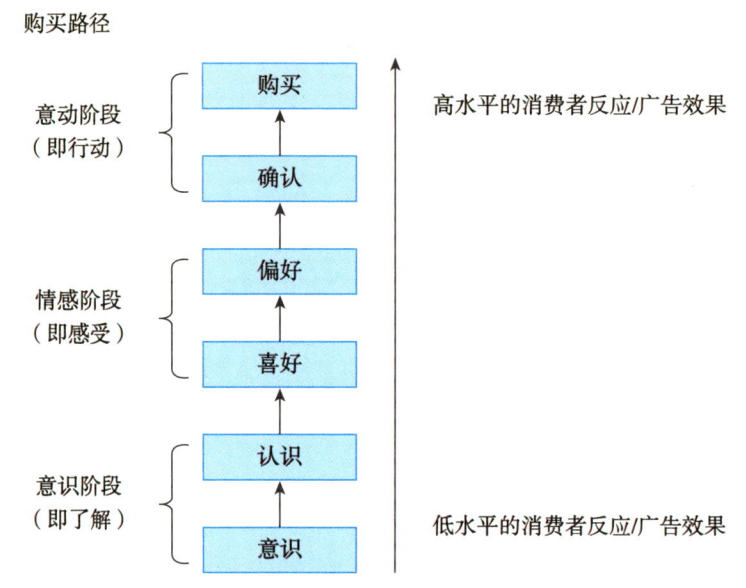

购买路径

意动阶段（即行动）
- 购买
- 确认

情感阶段（即感受）
- 偏好
- 喜好

意识阶段（即了解）
- 认识
- 意识

高水平的消费者反应/广告效果

低水平的消费者反应/广告效果

图1-2　广告购买路径

尽管前两步以及最后一步（即意识、认识与购买）获得了人们的广泛支持，而且本书也将对它们进行探讨。但是，另外三个步骤也许就没有那么可靠了。这三个阶段——喜好、偏好与确认构成了态度。也许实际上，这三个阶段在构建有效信息的过程中几乎不起任何作用。因此，正如前面所讨论的那样，态度与行为之间的联系往往很弱或者前后矛盾，而且多数行为都是由无意识因素驱动的。重要的不是人们是否会有意识地表示自己喜欢或赞同一条信息，而是信息在起作用时，是否进入了人们的意识。因此，本书提出了一个三步走的框架，如图1-3所示。

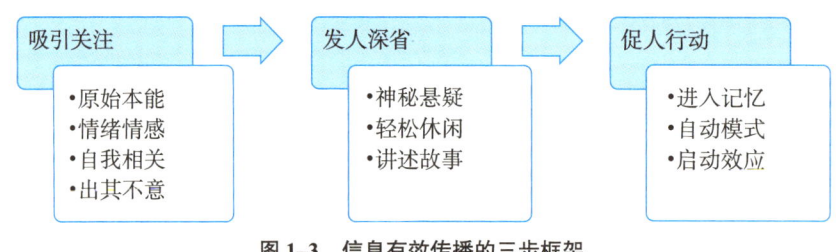

吸引关注
- 原始本能
- 情绪情感
- 自我相关
- 出其不意

发人深省
- 神秘悬疑
- 轻松休闲
- 讲述故事

促人行动
- 进入记忆
- 自动模式
- 启动效应

图1-3　信息有效传播的三步框架

吸引关注

我们将在下文了解到，人类能够集中注意力的时间极为有限，而整个世界的信息量却十分巨大；传播有效信息需要做的第一件事就是吸引关注。不论你传播信息是想要实现何种目的，如果受众根本没有注意到它的存在，那么所有的努力都没有意义。如果人们始终没有点开电子邮件，那么旷工的现象就永远也无法得到改善；如果广告播出的时候，人们一直在低头玩手机，那么产品的销量也永远不会增加。

1. **原始本能**。我们的注意力会被原始的东西，如面孔、食物和性所吸引。如果我们没有在整个进化的历程中注意到这些事情，那么我们就很难发现饥饿的老虎，找到稀缺的食物，以及繁衍后代。例如，马莎百货公司推出的性感的食品色情广告就使其食品的销售量提升了8.4%。

2. **情绪情感**。我们立刻就会留意到那些能够激发我们情感的东西，比如前面那位菲格尔斯诺夫先生。同样，我们之所以会关注所有看起来像婴儿的东西，或是任何可能具有威胁性的东西，如蛇或蜘蛛，也与明确的进化因素有关。为什么不对这两种情感加以利用呢？为了宣传以撒旦之子为题材的影片《恶魔预产期》(*Devil's Due*)，创意营销机构Thinkmodo拍摄了纽约市民在见到一辆无人照料的婴儿车时的反应——一个恶魔般的婴儿会尖叫着从车中被弹出。这段视频的点击量高达5000万次，在当年最受欢迎的视频排行榜中位列第八。

3. **自我相关**。我们会自动处理任何与自我相关或是与个人有关的信息（比如我们的名字）——理由显而易见。宜家公司在向其忠诚会员寄送明信片时就做到了这一点。他们根据明信片寄达的时间，将为每位会员定制的一周个性化天气预报印在了明信片上。与未进行个性化宣传的对照组（即"常规"宣传）相比，销售额增长了7.5%。

4. **出其不意**。我们会注意到与自己习惯的模式截然不同的东西。例如，我们一向痴迷于特立独行的明星以及他们的肉制衣衫。当喜力公司将酒瓶制成小酒桶的模样后，它们就从货架上的其他啤酒品牌中脱颖而出了，此举为它增加了三亿美元的收入；我们可以来对比一下，"惊喜溢价"是，酒桶装喜力的毛利率比经典六罐装的高出了17%~20%。

发人深省

让人们留意到你的信息只是第一步，如果当时他们不对信息进行处理，那它就无法在人们的记忆中停留，也就无法对人们的思想与行为产生影响。单纯地阅读与用自己的话概括书本内容并且完成练习这两种不同的学习方法，究竟哪一种的学习效果更好？答案是不言而喻的。信息的有效理解可以通过以下三种技巧来实现。

1. **神秘悬疑**。我们天生就对悬疑故事与谜题十分着迷，因为我们想要缩小理解上的差距，消除令人不适的紧张感。开膛手杰克最后一次作案是在124年前，但是至今仍有新闻报道在猜测他的身份。谷歌公司向1000名收件人寄去了一只挂了锁的盒子并要求他们在网上搜索一个特定短语。一旦他们照做了，搜索结果中就会出现一个谷歌关键广告词，进而生成解锁密码，使收件人可以打开盒子阅读里面的材料。95%的人参与了这场寻宝游戏并成功打开了盒子，谷歌此举的投资回报高达其支出的90倍。

2. **轻松休闲**。坦白地说，我们都非常非常懒惰。尽可能省力是我们的天性，这不无道理。要想让别人接受你的信息，它就要尽可能简短、简单并且具体。家乐调味品就曾在2012年利用过懒惰的力量。当时，家乐公司推出了一系列以自家产品为原料的菜谱并在卖场内推出了餐桌解决方案，将特定菜谱所需的所有材料全都摆放在了一处；与未开展此项促销的卖场相比，让生活变得更加简单并且告诉顾客可以吃些什么的简单做法使其销售额增加了12%。

3. **讲述故事**。社会人类学家瓦尔特·R. 费希尔（Walter R. Fisher）将人类称作"叙事人"。的确，讲故事是人类最古老的交流方式之一，这是我们理解世界的方式。饼干类零食品牌特趣在2012年开展的一场广告宣传就讲述了一则与品牌有关的故事。具体来说，它为产品创作了一则背景故事，声称旗下的两种巧克力棒分别出自两家竞争对手之手——一家生产"左"巧克力棒，另一家则生产"右"巧克力棒。广告异常地成功：特趣在英国的销量增长了37%，而家庭渗透率则上涨了4.3%。

促人行动

在人们看到信息与信息发挥应有的效果之间，往往存在很长的时滞。然而，人们可以借助心理学中的"助推"（nudge）这一概念对行为产生直接的影响。

1. **进入记忆**。如果想让信息能对未来的行为产生影响，就必须让别人记住它。说得简单一些，我们会看到很多东西，但是真正能够记住的却寥寥无几。2010年圣诞节，救世军[①]在加拿大的17个城市发起了一场慈善筹款活动，并且利用不断的重复让人们记住了它：具体来说，它们的目标是每个人都能看到它们的信息七次。它们在电台、报纸、公交车站和电影院向目标城市的人们传递信息。其结果是，捐款增长了32%，而新增捐款者增加了8%。

2. **自动模式**。我们的脑力有限，这就意味着我们无法反复斟酌每项决定的所有细节；相反，我们通常会依据经验来做出决定。因此，信息可以利用这些来促使人们以某种方式行事。英国国家医疗服务系统（NHS）通过一种名为"承诺"的启发式，将未能如约赴诊的患者的数量减少了11%，即仅仅要求患者向一位NHS工作人员重复预约的时间与日期。

3. **启动效应**。对于潜意识而言，暗示也许比现实更让人富于幻想，但是如果潜意识中的某些想法进入了意识，就有可能对行为产生影响。例如，只要给人们一些大富翁游戏里的假钱（听起来就像是在过圣诞节），就能让他们更以自我为中心，更加拒绝合作。加拿大黑麦威士忌品牌俱乐部就通过启动效应使销售额增长了32%："还没喝够啤酒吗？"这句广告语使人们厌倦啤酒的想法更加鲜明。

在了解如何实现这10项原则之前，我们首先需要对大脑进行深入的研究。

迷因库

让我们来聊一聊悲伤蛙佩佩吧。

佩佩是一只拟人化的青蛙，它已经成为图像论坛中（尤其是臭名昭著的4chan综合讨论区）一款极受欢迎的吉祥物。

---

① 救世军成立于1865年，是以军队为架构、信仰基督教的国际性宗教及慈善公益组织，以街头布道、慈善活动和社会服务著称，被称作"以爱心代替枪炮的军队"。——译者注

佩佩身价飙升，罕见的佩佩图像甚至备受追捧。2015年3月，一位eBay用户在网站上拍卖了1200多幅罕见的佩佩图像；在eBay关闭拍卖之前，买家对其的出价一路攀升至数万美元。

是什么使佩佩成了如此成功的网络迷因呢？迷因（meme）这个词最初是由理查德·道金斯（Richard Dawkins）在其1989年出版的具有重大影响力的著作《自私的基因》(*The Selfish Gene*)中所创造的。它指的是一种观念、一个单位与一丝念头，如一个单词、一种意识形态和一种时尚等。道金斯提出，正如某些遗传特性会通过适者生存的法则在基因库中胜出一样，迷因库中的迷因亦是如此。只有生存下来并进行繁殖，基因才能获得成功。例如，智力这种遗传特性使得人类得以生存（如，聪明的人更有可能避开危险、锻炼身体等），而且它还有助于繁衍（即，它是一种具有性吸引力的特性，因为人们想要将它遗传给后代）。

同样，迷因也必须生存下来并进行繁殖才能获得成功。也就是说，人们必须留意、记住，并且分享它们。成功的迷因具有使这种情况成为可能的特定属性。

但是这些属性又是什么呢？像悲伤蛙佩佩、不爽猫、江南Style、仓鼠舞以及之后出现的其他迷因都存在一些共同点。它们都十分古怪、与众不同并且令人惊讶。它们都有情绪，它们也都很简单。

一项实验研究了YouTube视频之所以能够在网上走红的原因。该研究发现，其中一项最重要的特征就是它们能够高度唤起情绪——即能让人兴奋并且引人注目。同样，上述针对都市传说的实验表明，激发情绪、令人惊讶、讲述故事以及轻松休闲都在信息的有效传播中扮演着重要的角色。

我们在不断揭示那些可以帮助信息牢牢吸引人们的注意并在其脑海中留下深刻印象的原理。佩佩就是一个非常成功的网络迷因的例子——所有成功的网络迷因都是有效信息传递的例子。

练习

迷因库

- 你觉得哪五个流传很广的视频、图片或新闻非常流行和/或令人难忘？
- 它们的主题有何共同之处？有没有其他在形式或内容上与之相似的信息？

本章小结

信息的传播

你应该：

- ✓ 留意社会因素对决策产生的影响并思考其对沟通的有效性造成的影响；
- ✓ 利用人们会向大众寻求指导这一事实，来理解如何才能让信息抓住人心；
- ✓ 利用我们与生俱来的想要与人分享的渴望来帮助信息迅速扩散；
- ✓ 认识到言与行之间存在巨大差异并且意识到，这会对激发阅读兴趣以及从更广泛的意义上理解消费者产生巨大的影响；
- ✓ 旨在影响行为而非态度。

你不应该：

- ✗ 根据表象做出判断，或是全盘接受假设；
- ✗ 将人视作完全理性（或是大部分情况下理性）的生物：他们所做的大部分选择都会受到他们完全不知道的因素的影响，而这些因素也许完全不合"逻辑"；
- ✗ 同样地，认为有效的信息就是理性的信息（最佳信息是采取外周路径，利用情感、感觉或隐含的线索来影响行为的）；
- ✗ 与大众而非个人交谈；如果你希望对方采取行动，就必须直接与他交谈；
- ✗ 低估"人们每天被大量的噪音轰炸"的作用；考虑一下自己可以如何切入。

02 #HOOKED
大脑

> **练习**
>
> **什么样的内容能够脱颖而出**
>
> 回想一下上周你所接收到的信息,最先在脑海中蹦出来的是哪两条?电子邮件、信件、传单、广告、广播通知、海报等,任何形式的信息都可以。请写下你最先想到的那两条信息并分别列出会想到它们的原因。它们有何特别之处?为何有别于其他信息?

从传统上来说,传播学理论在很大程度上受到了经济人假设的支配,即人都是理性行为者,都会为了实现自身利益最大化而认真考虑自己的行为。因此,消费者当然会做出理性的选择。例如,在囚徒困境这类最后通牒博弈中,人们通常会做出对双方均有利的合理决策。

然而,以同样的方式认为信息受众具备理性(至多)只考虑到了一半的问题。心理学家们早已知晓,从本质上来说,人类的大脑中存在两种系统:感性大脑与理性大脑。古有弗洛伊德的本我与超我,今有卡尼曼的系统 1 与系统 2,人们早已探索过这两种体系之间的区别。理性大脑审慎、有意识、缓慢并且具有逻辑性;感性大脑则依赖直觉、无意识,自动且情绪化。我们可以认为**系统 1 的大脑是柯克舰长**[①]——凭直觉行事、情绪容易激动、机敏,而**系统 2 的大脑则是史波克先生**——理性、符合逻辑、审慎,如表 2-1 所示。不过,我们需要牢记,大脑是柯克舰长与史波克先生的组合:显然,其中一人指挥着另一人,而大脑的运作方式与进取号星舰完全一样。

---

① 柯克舰长与史波克先生都是经典科幻电影《星际迷航》中的人物。——译者注

表 2–1　　　　　　　　系统 1 和系统 2 的对比

系统 1	系统 2
（从进化的角度来说）更老	（从进化的角度来说）更新
经过反复测试	新颖且存在较多问题
无意识	有意识
自动的	有意为之
情绪化	理智
具体	抽象
隐性	显性
快速	缓慢

虽然我们看到，史波克所起的作用远不如柯克重要，但仅仅从理性大脑的角度来看待信息的受众是不够的。举个例子，眼动追踪研究表明，卖场内 75% 的价格标签甚至从未被人瞧过一眼；同样，一项研究发现，消费者在 50 毫秒内就能迅速形成对一家网站的持久印象。因此，关注与决策的过程似乎并不全是有意识的——许多（如果算不上大部分的话）过程是自然而然地发生的，完全不会牵动有意识的思维。

三种大脑

那么，与无意识的大脑相比，有意识的大脑对消费者行为的影响究竟有多大呢？

首先需要注意的是，无意识大脑的地位通常高于有意识的大脑。卡特（Carter）与弗里思（Frith）指出："鉴于大脑中神经元回路的构造，如果思想与情感产生了冲突，那么后者一定会获胜。"

其原因与进化有关。根据三重脑理论，人脑是人类祖先在不断进化的过程中，身体部位及其功能不断进化的结果。事实上，如图 2–1 所示，我们可以在大脑中找到三块不同的区域（爬行动物脑、哺乳动物脑与人类脑）。尽管这种模型有些太过简单与过时，但是三重脑理论所提出的一般性原理后来得到了脑成像研究的证实。

首先，爬行动物脑是大脑中最古老、最中心的部分，由脑干和小脑组成。该区域负责本能反应并维持体内平衡；它会对环境中的基本刺激（如迎面飞来的黄蜂）做出反应并促使我们满足食物与性这类基本欲望。

其次，以这部分大脑为中心发展出了哺乳动物脑，其中包括杏仁体（amygdala）与边缘系统（the limbic system）等区域。这些区域负责控制情绪、学习、奖励与社交过程。

最后，人类脑，即大脑皮层在大脑外围逐渐发展起来并带来了规划、推理和语言等功能。从图2-1中可以看到，大脑皮层是大脑中"褶皱"的那一部分。事实上，正是这些褶皱赋予了人类有别于多数动物的智力与高级认知功能；大脑皮层有如此多的沟回，意味着它具有较大的表面积与体积比——从本质上来说，这意味着在同样的空间内可以"塞"进更多的大脑。

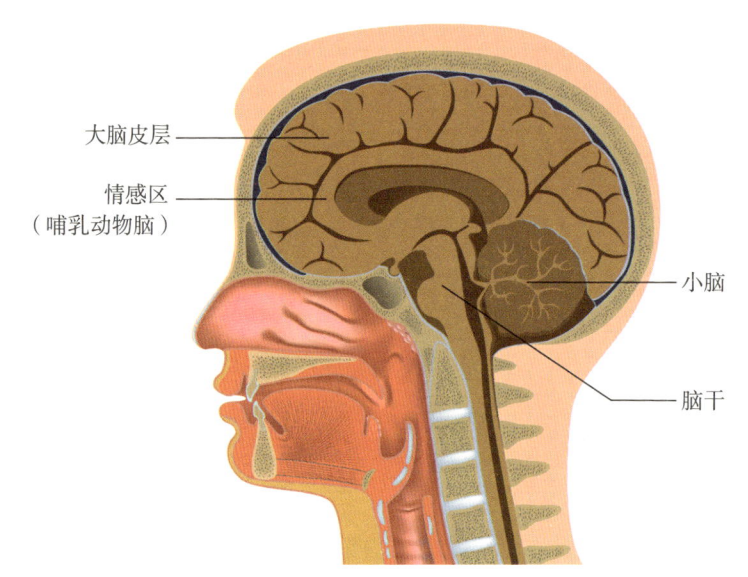

图2-1 人类大脑的三个不同区域

这种模式的结果就是，从进化的角度来说，负责控制情绪与本能的大脑区域比有意识的大脑皮层更老。由于无意识的大脑确保了我们能够在更长的时间内实现适应性进化，而且由于它更深入地存在于行为系统之中，因此它在决策制定过程中更具影响力。正是由于这个原因，就像人们无法有意识地阻止自己打喷嚏或是骤然中断突然做出的动作一样，更老一些的大脑区域以及它们的目标将优先于理性大脑。因此，我们的目光会情不自禁地被性感模特的裸胸照所吸引，尽管有时意识会告诉我们不要这样做。

认知吝啬鬼

需要注意的第二点是，有意识的大脑的能力极其有限。心理学家希夫（Shiv）与费德里克因（Fedorikhin）进行了一项出色的实验，他们在实验中为所有被试都提供了水果或是蛋糕。多数被试（59%）选择了水果（这有些令人吃惊，因为我知道自己会选择什么）。然而，当他们要求第二组被试记住（默记）一个七位数字时，多数人（63%）选择了蛋糕。记忆这项相对简单的认知任务已经耗尽了有意识的大脑所有的思维能力，情绪化的冲动大脑开始掌控一切。

要记住的重要一点是，人们在收到任何形式的信息时，都有可能处于分心、疲倦或是忙碌的状态。多数人可能会一边吃午餐一边看 Twitter，一边看电视一边玩手机，或者是在努力工作时查收电子邮件。因此，多数时候对信息做出反应的是选择蛋糕的原始的"猴脑"。

虽然无法对无意识进行量化，但是研究人员却在努力做出尝试。蒂莫西·威尔逊（Timothy Wilson）在研究了几项感官实验后估算出，人脑每秒能够处理约 1100 万比特的感觉信息，但是其中只有 40 比特是在有意识的状态下处理的。

因此，绝大多数时候，人们在关注信息以及做出决策时都处于无意识的状态。事实上，大量研究似乎都在支持这个理论。例如，一项眼动追踪研究发现，就人们找到某个品牌的速度而言，自下而上的因素（如包装以及卖场的展示等）所产生的影响是自上而下的因素（如购买计划）的两倍。

因此，我们的结论就是，多数决策过程都是无意识的；相反，它会受到环境的暗示、助推以及原始、感性大脑的影响。因此在设计信息时，必须牢记，消费者几乎没有时间或资源来仔细处理信息；相反，那些能够吸引他们的注意力、对他们的行为产生隐性影响的东西——而不是那些理性的观点与信息——往往能够对他们产生影响。

无视大猩猩

事实上，大约只有 0.0004% 的感觉信息是有意识的，这一点对注意力来说具有重要意义。简单来说，我们没有足够的资源去关注自己遇到的每一条信息；我们我们的注意力有限，因此会错过很多信息。

例如，你也许并没有注意到，在前一个句子中，"我们"这个词出现了两次。

西蒙斯（Simons）与查布里斯（Chabris）在一项著名的研究中请实验被试观看了一段白队与黑队的篮球赛视频。被试需要在观看视频的过程中，数出白队反弹传球与直接传球的次数；从本质上来说，这个任务要求被试将有限的注意力全都集中在身穿白色球衣的队员身上。

半数被试完全没有留意到屏幕中出现了一个化妆成大猩猩的人。

在另一项研究中，被试们需要仔细观察一幅图片并将其中所有的重要细节提取出来。42% 的被试没有注意到，在图片的中央，一个女人正试图跳下一幢高楼自杀。

1953 年，科林·彻里（Colin Cherry）进行了一系列听觉实验，并且发现了一种被他称作"鸡尾酒会效应"的现象。如果你愿意的话，你可以假设自己正与朋友们身处拥挤的鸡尾酒会，周围一片嘈杂：人们谈笑风生、觥筹交错，立体音响中播放着歌曲。你正在全神贯注地与一位朋友交谈。对你来说，周围的一切都只是白噪音[1]。但是，你突然听见有人在房间的另一头说："我讨厌鲍勃（你就叫鲍勃），他就是个混蛋。"尽管你并没有留心去"听"那段对话，它也只不过是白噪音中的一部分，但是你却能马上捕捉到这条信息。

这个例子说明，我们只会对绝大多数信息进行程度很低的处理。但是，如果大脑认为某样东西十分重要，就会将所有有意识的资源全都集中在那个刺激上。

因此，人们认为，在古老的大脑中存在着网络化的区域，它们就像是夜总会的"保镖"，有权决定谁可以入内。这部分大脑负责对环境中的所有事物（即所有1100 万比特的信息）进行程度极低的处理，过滤掉它认为不重要的那一部分。这就是为何店铺中有三分之一的品牌无法获得关注，为何人们会忽略网上的大量信息。同时，大脑有意识关注某事的那点有限的能力（40 比特的限额），则被分配给了"保镖"认为重要的事情。

那么，"保镖"的"VIP 名单"上究竟都有谁呢？能够立刻引起有意识的大脑注意的东西又都是什么呢？如果你打算与这些"保镖"进行逻辑辩论，那你根本不可能成功。同样，大脑的"保镖"也会将感性信息放在理性信息之前。

理查德·道金斯在《自私的基因》中指出，包括人类在内的所有动物都只不过是为了实现基因的目标——生存与繁衍而存在的机器人。因此，对于更古老的感性大脑区域而言，任何有助于实现这一目标的事情（如性）都十分重要，因而

---

[1] 指一段声音中频率分量的功率在整个可听范围（0～20kHz）内都是均匀的。由于人耳对高频敏感，这种声音听上去是很吵耳的沙沙声。——译者注

需要我们给予关注。

懒骨头

消费者有限的认知能力所造成的另一种结果就是，如果难以做出抉择，他们往往就会避免做出决定。（体力与精神）能源是一种有限资源，从进化的角度来看，我们应该努力保存这种资源。这就是为何我们需要集中注意力。

在一项著名的实验中，艾扬格（Iyengar）与莱珀（Lepper）在一家超市设立了一个售卖果酱的摊位。该摊位要么出售 24 种不同口味的果酱，要么只出售其中的 6 种。在销售 24 种口味的果酱时，只有 3% 的人在大致看完三瓶果酱之后会购买一罐；但是，如果选择的范围缩小到 6 个，这一数字就上升到了 30%。如果难以做出决定，人们通常就会避免去做决定。有趣的是，研究表明，同样，较之有两种药物可选的情况，如果只有一种药物可选，即便是对于合格的医生来说，开药的可能性也会上升 19%。

关键就在于，传播信息时应尽可能减少受众做决策时的负担：信息必须尽可能易于被注意到、易于处理，而且使理想的行为尽可能简单。本书另辟了章节来探讨如何做到这一点。

记忆是如何工作的

脑科学提出的最后一个原理是激活扩散理论。一旦信息引起了受众的注意，大脑就需要对它进行处理——这就会涉及受众现有的记忆结构。激活扩散理论认为，记忆是由强度不同的互连节点所构成的网络。例如，对椅子的记忆与对桌子的记忆联结在一起，而它与对靠垫和蒲团的记忆之间的关联性则要弱得多。

该理论指出，信息是以三种方式进行处理的：首先，如果两个记忆节点之间的联结无法立即显现（诱发好奇心），受众就会开始处理信息；其次，如果信息符合现有的记忆结构，并且能在其各部分之间建立起有意义的联结（讲述故事），受众就能更容易地处理和记忆信息；最后，如果记忆节点具体、简单并且经常被使用（流畅），受众就能更容易地处理信息。

一头雾水吗？没关系，我们将在第二部分进行进一步的解释。

三只猴子[1]

首先，有意识的大脑的注意力与决策能力都极为有限。人们一旦全神贯注于一项任务，就会有 50% 的概率完全忽视横穿房间的那只猴子。正因如此，我们向世界所发送的绝大多数信息都将被人们忽略。

其次，在我们的大脑中都隐藏着一个猴脑，不论我们对此做何感想，通常掌控大局的那一位都是它。因此，如果信息中包含情感与性等能够吸引猴脑的内容，就更有可能被人们注意到；同样，利用启发式的简单信息也可以让猴脑发挥作用，因而也更具影响力。

最后，遵循这些原则的信息将是最成功的信息。例如，吉百利糖果广告中那只会打鼓的大猩猩就达到了激发情感与令人惊讶这两个目的。从本质上来说，它值得关注且令人难忘，从而使产品在英国的销量增加了 8%。

本章小结

大脑

你应该：

- ✓ 了解感性大脑与理性大脑，清楚每个人都有一个会帮助他们做出许多决定的"猴脑"；
- ✓ 创建信息时将"两个"大脑都作为目标受众——人类的／理性大脑（如用文字）与哺乳动物的／感性大脑（如用图片）；
- ✓ 尽可能简化受众所接受的信息；
- ✓ 利用大脑"保镖"的"VIP 名单"来设计信息，只有这样人们才会直接关注这些信息。

你不应该：

- ✗ 期望理智能够战胜情感；
- ✗ 为受众提供过量的信息，因为他们的脑力非常有限；
- ✗ 让那些时间与脑力有限的受众忽视你的信息。他们会像无视大猩猩那样，欣然无视传单、电子邮件或是讲座的内容。

---

[1] 在日本一座幕府时代的寺院里，有一尊名为"三个智猴"的雕像——一个双手捂眼做惨不忍睹状（see no evil）、一个双手捂嘴做噤若寒蝉状（speak no evil）、一个双手捂耳做置若罔闻状（hear no evil），分别代表"非礼勿视，非礼勿听，非礼勿言"。——译者注

第二部分

引人注意

最先映入你眼帘的是哪张照片？很可能是蜘蛛。

某些刺激会自然而然地吸引我们的注意。进化在其中起到了一定的作用——如果不能立刻发现蜘蛛，也许人类早就灭绝了。

让我们来回忆一下，人类大脑的"保镖"每秒大约需要处理1100万比特的感官信息，但是有意识的大脑只能处理其中的40比特，因此"保镖"会将大脑有限的注意力引向最重要的信息——如毒蜘蛛。

现在再来回想一下，世界上的信息浩如烟海。仅以Facebook为例，超过半数用户拥有200多位Facebook好友，人均好友数达到了338人。人们每天都要处理众多新状态，查看大量新照片与新留言。与此同时，根据英国通信管理局的报道，人们平均每天花费在各类媒体设备上的时间是8小时41分钟，而每天的睡眠时间也不过是8小时21分钟。

这两点便足以凸显了夺人眼球的重要性。你发送给世界的所有信息都需要与两股力量相抗争：一是，大量信息竞相吸引着人们的注意力；二是，人们的注意力极其有限。只有极少数精选信息才能最终赢得人们的关注。

众多的消费调查显示，信息仅仅是被注意就足以显著影响行为。例如，研究表明，人们更有可能在下列情况下掏钱购买产品：商品摆放在消费者容易注意到的货架的中间位置；促销员向他们推销了产品；不同寻常的卖场广告吸引了他们的注意力。

一项眼动追踪研究证明了这一点。研究人员请被试在模拟货架上的两个品牌间做出一系列选择；有时，其中一个品牌的色彩会比周围的产品更浅，因此也就更加显眼。研究人员要求被试在实验开始前根据自己的喜好对两个品牌进行排序。研究发现，如果人们步履匆匆或是心不在焉（这是他们的常态），那么品牌的醒目程度对消费选择的影响就会远胜人们对于品牌的喜爱程度。

同样，就有效沟通而言，你往往只需要让受众留意或是记住一条信息，就能对他们的行为产生影响。例如，请记住，事实上，反吸烟广告反而会增强人们吸烟的欲望，因为它们会使人们更加留意吸烟这种行为。有趣的是，"禁止吸烟"的标志也会产生同样的效果。

那么，如何才能确保自己的信息能够挤进少数可以被人留意到的信息之列呢？

人脑会自动处理四种类型的刺激，受众根本无法对它们视而不见。

03 #HOOKED
原始本能

练习

难以抑制的冲动

你是否曾在生命中的某些时刻体验过某种难以抑制的本能渴望——也许当时你的行为与你的"正常"表现大相径庭？再给你一次机会，你会怎么做？当初又为何会那样做呢？

我给你讲一个我自己的故事，请尽量不要对我做出任何评价。我二十几岁的时候，曾是一支微金属[①]乐队的成员（想想克鲁小丑乐团）。我坚信自己终将成名——但为什么到了2008年，人们就不再为曾经风靡20世纪80年代的迷惑摇滚[②]而疯狂了呢？带着微金属乐手与年轻的心理学本科生的双重身份，我花了很多时间去了解成功乐队背后的心理学。

我学到的第一课就是，一般而言，成功的乐队与音乐家必须能够引起人们的注意。例如，一项有关音乐视频的研究发现，生理唤醒与人们对乐队的积极情绪及偏好有关。当然，流行乐手的目标之一就是夺人眼球——猫王曾身着全是亮片的衣服、风骚地扭动自己的臀部；珍妮·杰克逊也曾在超级碗上"意外地"露出自己饰有胸环的右乳（"超级碗事件"后来被吉尼斯世界纪录收录为"搜索量最大的新闻"；珍妮于次月发行的专辑显然因此大卖，成为销量突破300万张的三白金唱片）。

[①] 指20世纪80年代开始流行的重金属与重型摇滚乐队。微金属乐手们衣着华丽、发型夸张，喜欢化浓妆。皮夹克是他们标志性的服饰。——译者注

[②] 又称华丽摇滚，美国人常将它与微金属混为一谈。迷惑摇滚几乎是英国专属的摇滚类型，20世纪70年代中期在英国十分流行。当时的迷惑摇滚乐手大多装扮得香艳妩媚，性别模糊，在形象与意识上颠覆着社会传统价值。——译者注

与之相关的第二点就是歌曲与音乐电视中的某些主题能够引起人们的关注——具体来说就是性与暴力，或是某些人口中的"性、毒品与摇滚乐"[①]。一项针对音乐电视内容的分析发现，在音乐电视的关键主题里，性、暴力与犯罪赫然在列；同时，一份研究综述发现，28% 的音乐电视含有暴力情节，44% 的包含色情内容。一项针对 2005 年最受欢迎的流行歌曲的研究发现，超过三分之一的歌曲提到了性。

所有这些都说明，某些原始的暗示极有可能抓住人们的眼球。这些线索与爬行动物脑及其与生俱来的生存和繁衍的冲动存在很大的联系。

尽管人们很容易将隐藏在摇滚乐队的成功背后的原始因素归结为青少年的荷尔蒙并因此对其不予理会，但是还有大量其他证据表明，爬行动物脑会对整个社会产生巨大的影响。具体来说，生活中存在着一个不太为人所谈论的方面，它似乎还是许多最伟大的技术革新背后的驱动力，那就是色情内容。

色情内容是家用录像机得以风靡一时的原因：VHS 制式录像带的价格十分昂贵，但是人们却愿意花费至少 100 美元来购买限制级录像带，仅仅是为了能够舒服地窝在家里欣赏。整个 20 世纪 70 年代，限制级录像带占据了美林公司销售额的半壁江山。当然，从那时起，色情作品就开始推动互联网的普及。色情作品被认为是第一个在网上赚钱的产品，同时它也推广了流媒体视频的使用。

从本质上来说，原始本能是隐藏在技术背后的一股巨大力量，内容聚合网站 Reddit 上的一句话很好地概括了这种状况。2013 年 1 月，Reddit 向网站用户提出了一个问题："如果生活在 20 世纪 50 年代的人突然穿越到了现代，我们最难以向他们解释清楚的是现代生活中的哪一部分呢？"

最热门的答案是："我口袋里的玩意儿可以读取人类已知的所有信息。我可以用它来欣赏小猫的照片，也可以通过它与陌生人辩论。"

事实上，除了音乐视频外，YouTube 上最受欢迎的视频要数一个婴儿咬着自己刚刚开始蹒跚学步的哥哥的手指开怀大笑的片段了。尽管我们自诩抱负远大并且拥有令人惊叹的科技，但是我们的多数行为仍然受到爬行动物脑原始冲动的驱动。

三种此类刺激能够吸引人们关注信息：性、食物与人脸。

[①] 2010 年，马特·惠特克罗斯执导的电影《性、毒品和摇滚乐》上映。2015 年，同名电视剧在美国播出。——译者注

性

2014年，俄罗斯一家传媒机构AdvTruck.ru想出了一个非常棒的点子来吸引人们关注其在卡车车厢侧面新辟的广告空间。它利用这些空间来宣传自己的这款广告服务：车厢广告上赫然印着全裸的胸脯，旁边则是公司的名字、电话号码以及"人们会被它们所吸引"的广告文案。30辆印有这支广告的卡车在莫斯科四处转悠。

据报道，卡车上路的第一天就引发了500多起交通事故。《地铁报》（*Metro*）的一篇文章称，驾驶员伊尔达·图耶夫（Ildar Turiev）解释说："我在开车去参加一场会议的途中看到这辆侧面印有巨幅胸部照片的卡车从一旁驶过。紧接着，我就被后车追尾了，那位司机说这辆卡车让他分心了。"

这不禁让我们想起神奇文胸公司邀请伊娃·赫兹高娃（Eva Herzigova）出镜拍摄的那幅著名海报"你好，小伙子"。据说，它也是引发交通事故的罪魁祸首。这两则例子都凸显出，性具有完全抓住人的注意力，并且分散他对其他事物的关注度的能力。

事实上，除了这些逸闻趣事之外，大量研究也表明，事实确实如此。例如，美国印第安纳大学的研究人员通过"点探测任务"进行的一项实验就证明了这一点。研究人员首先要求被试盯着电脑屏幕中间的"X"看一秒钟；随后"X"消失，屏幕中出现两张图片（分别位于之前"X"所在位置的左右两侧）并停留半秒；最后，这两幅图片也会隐去，取而代之的则是一个出现在左图或右图所在位置的小点。小点出现时，被试必须按下键盘上的按键来表明它究竟位于屏幕的左侧还是右侧。如果两幅图片均为中性图片，被试就可以更快地确定小点所在的位置——换句话说，如果其中一幅是色情图片，被试就会受到干扰，他们在任务中的表现也会受到影响。被试会不由自主地被色情图片所吸引。

有趣的是，这项研究结果对男性和女性均适用。你也许会对上述案例不屑一顾，觉得这些人就是传言中每八秒便会想到性的、头脑简单的男人（这个统计数据究竟从何而来不得而知），但是研究表明，以性为卖点同样能够抓住女性消费者的心。健怡可乐广告中的那位"健硕性感的型男"令该品牌大获成功[①]。他们在2015年重新推出的"园丁"版广告在社交媒体上赢得了99%观看者的好感；同

---

① 1994年1月，健怡可乐推出了一款标志性的广告。在广告中，一群职场女性会在11：30聚到窗前午休，而此时，窗下路过的一名建筑工人正在脱掉外套，享受健怡可乐。这则被称为"Diet Coke Break"的广告一经问世，就掀起了一股型男热潮。——译者注

时,《五十度灰》(*Fifty Shades of Grey*)也成为有史以来最畅销的系列丛书之一。不管怎么说,如果广告中出现了魅力四射的异性,那么男性与女性都会表现出较高的购买欲望。

男人来自火星

对于男性和女性来说,成功的性信息之间有一些关键的区别。

例如,一项研究通过脑电图(一种测量大脑活动的方式)记录了人们对于广告的关注度。研究发现,随着广告中的女性从衣着整齐到衣衫半解再到不着寸缕的状态,男性对于广告的关注程度也会逐渐增加;然而,对女性而言,只要广告中出现了男性,不论他究竟穿了什么,女性对广告的关注度都会明显增加。

另一项研究则表明,如果在平面广告的创意中,手表是男性赠送给女性的礼物,那么广告中所出现的性意象只对女性有效;事实上,礼物这种定位反而会使男性对广告产生反感。与此同时,另一项研究发现,如果广告推销的是一款昂贵的手表,那女性对于以性为卖点的广告的反应就更为积极,也就是说,如果性意象与罕见、稀缺且价值不菲的产品同时出现,就能对女性产生更大的效果。

这些发现显然可以通过两性在性欲上的进化差异进行解释。人们普遍认为,男性认为表明女性"好生养"的那些特征具有性吸引力,比如丰乳肥臀、年轻;而能够繁衍后代的资源或是能够获得此类资源的特征,如社会地位、力量、攻击性以及智力(这一点可以从创造力、才智、魅力和幽默感等中推断出)则更容易吸引女性。此外,女性的交配风险更大,因此也需要更为密集的资源,这就意味着对女性而言,性吸引力与暗示承诺的信号之间的关联性更强。

为了说明这一点,一篇论文对研究报告、色情文学与爱情小说进行了研究,并且通过一项调查区分了男性与女性不同的性幻想。研究人员的发现与上述观点一致,即女性的性幻想不如男性那样视觉化,而是更专注于一些无形的特征;女性的性幻想更有可能缓缓展开,而且会随着时间的推移逐渐积累;最后,女性的性幻想更具个性化,情感更强,也更可能集中

第二部分 引人注意

> 在一个对象身上，而男性的性幻想对象往往不止一人。
>
> 这显然就是为何之前的研究表明，裸露的酮体对男性来说更具吸引力，而象征丰富资源的标志以及通过赠送礼物所展现的男性承诺可以提升女性对性广告的关注度。

当然，强有力的进化因素同样也是我们关注性刺激的原因。请记住，道金斯曾说过，我们存在于这个世界就是为了实现特定的目标——生存与繁衍。如果作为一个物种，我们对性毫不关心，那么也许我们就无法顺利地繁衍下去了。

大熊猫就是一个很好的例子。目前，大熊猫属于"易危物种"，野生大熊猫的数量也许还不满2500只，动物园圈养的大熊猫也不过只有几百只。整个物种的命运显然落在了圈养大熊猫的肩上——然而，哪怕饲养者使出了十八般武艺，甚至动用了伟哥、色情图片以及"性锻炼"等手段，它们还是不愿意交配。也许就像英国自然保护主义者克里斯·派克汉姆（Chris Packham）所说的那样，是时候让它们在地球上消亡了。

最后，性很擅长夺人眼球，因而可以帮助人们记住信息。将性与信息融合在一起能够带来更多的关注、更多的想法、更大的兴趣，以及更深的印象——集各色效果于一身！

让我们来看一则案例。在2013年超级碗的比赛中，服务商GoDaddy.com播出了一则广告。显然，故事的主角——一位呆头呆脑的极客（在此向这位演员致歉）在广告中与超级名模芭尔·拉芙莉（Bar Rafaeli）亲热。这则广告是超级碗中最令人印象深刻的广告之一，自播出之日起，它就给公司带来了巨大的商业效益，其域名的销量同比增长了40%。

食物

品志趣是一家图片网站，它的用户可以管理并分享自己的图片或是搜索其他人发布的图片。你能猜出这家网站上互动最多的话题是什么吗？

是食物———一项调查发现，57% 的用户参与过和食品相关的内容的互动。

如果你在使用社交媒体，也许就根本无法躲开用户们拍摄极具艺术感的食物照片并且在社交媒体上进行分享的趋势。这种趋势非常受欢迎，因此网上餐厅预订平台 OpenTable 在 2013 年年初以 1000 万美元的价格收购了应用程序"美食推荐"（Foodspotting）。事实上，由于这股潮流来势汹汹，忍无可忍的法国厨师亚历山大·戈捷（Alexandre Gauthier）已经决定禁止食客们在他所开设的餐厅——格雷诺伊勒尔餐厅中拍摄美食的照片。

美食摄影之所以能够大行其道，显然与食物能够有效地吸引人们的注意力密不可分。

例如，在一项实验中，研究人员在电脑屏幕上向被试展示了一组食物，比如草莓，其周围都是视觉上相似的非食物，或是被一堆食物包围的物品的图片（例如，藏在一堆草莓中间的红色汽车等）。被试必须尽快找到混杂在一堆干扰物中的食物或物品的位置。研究人员发现，被试找到（藏在一堆物品中间的）食物的速度远远快过寻找（夹杂在食物中间的）物品的速度。人们对于食物存在强烈的注意偏向。

同样，一项眼动追踪实验发现，如果将食物与非食物的图像同时展现在人们面前，他们的目光更有可能落在食物身上。

小心那些夺人眼球的东西

这里我需要重点强调一点。当然，就像之前所说的那样，引起人们的注意至关重要，否则信息根本就没有成功的机会。然而，一定要巧妙地运用食物原则。

例如，你肯定不愿意人们只留意到传单上美味的汉堡，而完全无视公司的名称及其所推销的产品吧。

无论何时，我们往往都会关注——并且记住（日后还会去探索）——最能激发情绪的东西。因此，如果无法巧妙地运用这些原则，那这些内容也许就会盖过它们本应辅助促进的信息。

> 关键在于要把夺人眼球的刺激因素与信息融合在一起，而不是把它当成一个迥然不同的元素。我们将在后面的章节中提到，如果广告主角面向广告文案（即先抓住受众眼球，随后将其注意力引向信息）而不是直接面对受众，宣传效果会更好。

此时需要考虑的一个重要问题是，不是只有图像才会造成注意偏向，研究表明，实验被试同样也会对与食物相关的词汇产生注意偏向。这一点同样适用于本章所讨论的其他原则：电子邮件、推文和信函同样能够使用这些技巧进行演示、广告和展示！

当然，从进化的角度来看，食物极其重要——如果作为一个物种，我们完全不关心食物，那么人类早就灭绝了。然而，一项研究估计，只有不到十分之一的思维与食物有关。

从进化的角度来说，鉴于我们的祖先曾经生活在资源稀缺且朝不保夕的时代，对于食物的注意偏向就显得更加重要；他们必须将能够看到的所有食物都吃进肚里，才能储存脂肪和能量，以度过食物不足的时期。而高热量食物比低热量食物更能吸引人的注意力。因此，在线美食摄影师更有可能分享蛋糕、甜甜圈或培根，而不是葡萄、牛油果或蘑菇的照片就不足为奇了。

所以，如果你打算通过食物来吸引受众的注意力，就一定要用比萨饼或汉堡——而不是沙拉！

人脸

1994年，美国佛罗里达州的黛安·德伊瑟（Dian Duyser）走进厨房，准备将一块刚从烤架上取下的美味的干酪吐司吃进肚里。42岁的黛安从盘子里拿起一片吐司咬了一口，然后低头瞥了一眼，突然，她发现自己再也咬不下去了。她解释说："咬了一口之后，我发现有一张脸正在看着我——圣母玛利亚正在盯着我看。我吓蒙了。"

这片神圣的三明治德伊瑟一直保存了十年。她说，在此期间，它为她带来了很多好运——其中就包括在附近的赌场赢了七万美元。出于一些不为外人所道的原因，10 年后，她决定在 eBay 上拍卖这片神奇的美食。拍卖页面的点击量超过了 10 万次，而这片神圣的烤面包片最终以 28 000.44 美元的价格售出。

当然，不管黛安·德伊瑟是否真的相信，圣母玛利亚都没有在她的烤面包片上现身；相反，这只不过是奶酪融化后与烤焦的吐司随意组合而成的图案。这种现象叫作幻想性视错觉，指的就是我们会在一个随机图案中看到一张脸。

我们依旧能在这种现象中找到强大的进化因素：如果我们无法发现隐藏在远处下层灌木中的脸，人类这个物种就会经常成为黑豹的盘中餐。

事实上，面部感知对于我们的生存而言至关重要，人类大脑中的一个特定区域——梭状回面孔区只有一种功能：面部感知。研究同样发现，即使是新生儿也具有注意人脸的倾向：90% 的新生儿会注意到简单的面部结构（例如，灯泡，一个圆点上方有两个圆点，就像是眼睛和嘴巴），但是如果把同样的形状上下颠倒之后，他们就不会再注意到它。研究人员解释说："似乎存在一种机制，很可能是皮质下的机制，使新生儿具有注意面部的倾向。"

实验表明，我们对于脸部有着很强的注意偏向。例如，一项研究使用了前面提过的"点探测任务"要求人们按下两个按键中的一个来表明，电脑屏幕中出现的小点究竟位于屏幕左边还是右边。然而，在小点出现之前，屏幕的左右两边会各出现一幅图像。其中一幅含有人脸，而另一幅则没有。研究人员发现，如果小点的位置与脸部图像一致，实验被试就能很快识别，这说明我们的注意力会不自觉地被脸部吸引。

这就意味着，如果在设计信息时能够在其中嵌入一张脸，就能抓住人们的注意力；一篇论文就曾说过，"眼睛总能吸引注意"。事实上，如果人们看到一个含有面部的视觉场景，那么他们最初扫视的两眼看到脸部的概率会超过 80%，也就是说，脸部很可能是他们最先注意到的东西。

以在线条幅广告为例，两位研究人员通过眼动追踪发现，实验被试观看以脸部特写为主的广告的时间大约是没有脸部的广告的四倍。

所以，如果你想让别人留意到你的信息，就可以在信息中加入一张脸！

麦片吉祥物

你有没有注意到，儿童麦片品牌往往会在包装盒的正面印上品牌吉祥物的脸，而且它们往往会从包装盒上向下俯视。

美国康奈尔大学的研究人员对麦片包装盒上的面部图片展开了两项研究。在第一项研究中，他们研究了在纽约和康涅狄格10家食品商店中印有86种不同吉祥物的麦片包装盒；通过吉祥物的视角来确定距离他们四英尺[①]处（货架通道的中央）的视线的高度。他们发现，平均而言，儿童麦片品牌吉祥物的视线落在距离地面0.51米高的某处，而成人品牌吉祥物的视线则落在了1.37米高处。显然，吉祥物在与他们的目标客户进行眼神的交流。

在第二项研究中，研究人员向实验被试展示了一盒Trix麦片。包装盒上的兔子或是看着麦片，或是在与被试进行眼神交流。之后，研究人员询问被试愿意购买Trix还是Fruity Pebbles。

在没有眼神交流的情况下，48%的受访者选择了Trix；但是如果存在眼神交流，这一数字就上升到了61%。

[①] 1英尺≈0.3048米。——译者注

本章小结

原始本能

你应该：

- ✓ 想尽一切办法脱颖而出；
- ✓ 吸引受众大脑中最基本的区域，确保他们会留意你的信息；
- ✓ 通过性，暗示与吸引人们关注你的信息；
- ✓ 同样，在信息中加入食物——尤其是高热量食物——来吸引人们的目光；
- ✓ 使用脸部；
- ✓ 使用文字与图片来应用这些原则。

你不应该：

- ✗ 低估可以驱动行为与决策的因素的简单性；
- ✗ 回避以性为卖点十分有效这一事实；
- ✗ 忽视性吸引力方面的两性差异——这一点会影响信息的效力；
- ✗ 使用极其吸引眼球的刺激来削弱你实际想要传达的信息——身穿比基尼的模特、汉堡等不应抢占人们对于信息本身的关注。

04 #HOOKED
情绪情感

我再给你讲一则我的故事。还请你尽量不要对我评头论足。

直到几个月前,我还从未向任何慈善机构捐过款。我没有为善待动物组织(PETA)掏过腰包,没有为年迈的老人献过爱心,甚至没有为海啸赈灾贡献过一个子儿。也就是说,我从不为任何事业捐钱。

尤其是《大事件》(The Big Issue)杂志。作为一位伦敦居民,我几乎每天都会遇见《大事件》的推销员。然而,我基本上都会对他们视而不见。我会说:"谢谢,我不需要。"没有任何一位《大事件》的促销员能够成功闯入我的大脑,成为那40条需要经过意识处理的重要信息中的"一员"。我从未买过任何一期《大事件》杂志。

然而有一天,我确实注意到了《大事件》这本杂志。我注意到了推销员和他手中的杂志并且花钱买了一本。我甚至递给推销员一张10英镑的票子,还告诉他不用找零了,而这本杂志其实只卖2.50英镑(本人表示很为此感到骄傲)。

到底发生了什么?

流浪猫鲍勃出现在了杂志封面上!

它不允许我使用它的肖像,因此,我只好在这里更换了一只可爱的猫咪。

36 岁的流浪汉詹姆斯·鲍文（James Bowen）成为瘾君子已经有十余年了。自 2007 年起，他开始接受美沙酮治疗并且住进了公助住房，依靠售卖《大事件》杂志维持生计。一天，詹姆斯发现一只友好的橘色小猫蹲坐在他家附近。三天后，他发现这只猫显然没有主人，于是便将它"请"进了自己的公寓。詹姆斯发现它的腿上有脓肿，于是带它去了英国皇家防止虐待动物协会，对它悉心照料，直到它完全康复，而且最重要的是，他给它起了"鲍勃"这个名字。此后，这一人一猫开始形影不离。在詹姆斯忙着街头卖艺的时候，鲍勃就会在附近游荡。这完全是鲍勃自愿的行为，它甚至还会跟在詹姆斯身后跑上公共汽车。

詹姆斯解释说："来看我表演的人一下子多了起来。人们全都在拍照，这太疯狂了。人们对我的态度发生了巨大的转变。"

最终，詹姆斯写了一本关于鲍勃的书，这本书在英国的销量突破了 100 万册。现在，一部以流浪猫鲍勃为题材的电影也已制作完成。事实上，《大事件》杂志在与作者往来的电子邮件中透露，以鲍勃为封面的杂志是他们非常畅销的一期杂志。

鲍勃的例子很好地体现了情感对人们行为所产生的巨大力量——或是"影响"；就像詹姆斯自己所说的那样，观看表演的人数开始猛增，而且人们对待他的态度发生了根本性的转变。这只可爱的小猫仅仅凭借着自身呆萌的力量就改变了一个人的生活。

如果你还不肯相信的话，还有更多证据可以证明，人类在小猫的面前完全没有抵抗力。无疑，古埃及人视猫为神明，他们在今天似乎依旧如此。谷歌的统计数据显示，仅 2013 年一年，"搞笑猫"和"猫视频"的搜索量就达到了平均每月 36.8 万次和 67.3 万次；而"猫"的搜索量高达近 4000 万次。换个角度来看，金·卡戴珊（Kim Kardashian）的搜索量也才刚过 1100 万次。《广告时代》（Advertising Age）估计，仅 2012 年一年，YouTube 上与猫有关的视频就产生了超过 16 亿的浏览量。

想一想那些最受大众喜爱的猫咪吧。彩虹猫在 2011 年的疯传视频排行榜中位列第五；小苞（Lil Bub）的 YouTube 频道拥有超过 1.63 万名订阅用户；而 Maru 的订阅用户数几乎达到了 50 万；键盘猫被《赫芬顿邮报》（Huffington Post）评选为有史以来最火爆视频的第 11 位。甚至还有名为"猫咪戛纳节"的年度猫网络视频电影节。不过，这其中最突出的例子则要属不爽猫了，它不仅登上了《华尔街日报》与《纽约杂志》的封面，还主演了电影《不爽猫之更糟糕的圣诞节》（Grumpy Cat's Worse Christmas Ever），不爽猫有限公司的市值达到了 100 万美元。

哈巴狗的广告力量

尽管我们会禁不住嘲笑说，小猫和其他事物只不过是在无形中为我们增添了愉悦而已，但是有很多证据表明，事实上，呆萌的动物 [即表现出婴儿图式（baby schema）——大眼睛、高额头等特征的动物] 或是能够激发人们情感的动物都具有显著、具体的商业效果。

2014年，饼干品牌麦维他（McVitie）启动了名为"甜蜜"的广告宣传。广告中，饼干包装开封后滚出一堆可爱的小猫、小狗和其他小动物。此次宣传使公司的销售额增长了3%，麦维他在整个饼干市场上的份额增加了26%。

然而，也许英国最著名的例子当属比价网站Compare The Market。网站吉祥物俄罗斯猫鼬亚历山大·奥洛夫（Alexsandr Orlov）及其醒目的广告语"易如反掌"风靡全国。此次广告宣传使品牌意识从20%上升到59%，网站流量增加了400%，报价增加了80%，市场份额增加了76%，而竞争对手的份额则下降了近三分之一。

网站的品牌推广效果极好，哪怕是一只毫不相关的猫鼬也会让你想起这个网站。

关于情绪情感：科学怎么说

让我们再来谈谈菲格尔斯诺夫先生，本书开头出现的那只哈巴狗吧。你还记得它的模样吗？当然了——这就是重点！

日本广岛大学的研究人员通过一项惊人的实验观察了呆萌动物对人类注意力的影响。研究人员要求实验被试玩一种类似于《手术游戏》（Operation）的游戏。玩家需要用镊子将洞中的小物件夹出来，并且在整个过程中不能触及洞壁，触发蜂鸣器。平均而言，被试可以在未触及洞壁的情况下成功取出数量刚刚过半的物件——也就是说，平均每人夹出了 14 个物件中的 7 个。

游戏结束后，研究人员给被试看了一些成年动物或小动物的图片。然后，游戏继续。

在第二轮游戏中，看到成年动物的被试夹出物件的耗时与第一轮持平；他们的成绩有所进步，平均每人取出了 14 件物品中的 8 件。这种微小的进步可能是由于他们通过第一轮游戏获得了一些练习。

而看到小动物图片的被试在这一轮耗费的时间则大大延长——平均约为 12 秒。然而更重要的是，他们的成绩有了显著提升，平均每人成功夹出了 10 件物品。

研究人员指出，呆萌的小动物与人类婴儿有着许多相同的特征，这些特征会激发人一种天生的照料反应；事实上，研究确实表明，这些婴儿般的特征能够诱发人类想要照顾它们的动机与行为。婴儿图式能够唤起人们的高度关注，从而使他们全面照顾婴儿的健康并警惕潜在的危险。

同样，人们对真正的婴儿也会有一种强烈的注意偏向，这一点也不足为奇。例如，日内瓦大学的研究人员发现，如果在（之前描述过的）"点探测任务"中，小点紧随着婴儿而非成人的脸部图片出现，那么实验被试往往能够更快地正确定位小点的位置。

至少这在一定程度上解释了为什么依云（Evian）公司那则轮滑宝宝的广告曾被吉尼斯世界纪录列为有史以来最热门的电视广告。在随后推出的"宝宝与我"广告中，成人在镜子中见到了宝宝版的自己。这则广告在短短两天之内就打破了纪录，获得了 2000 万次的浏览量，并且大大增加了该品牌在其核心市场中的份额。

同样，爱莲巧（Alenka）是俄罗斯最受欢迎的著名巧克力棒品牌之一。猜猜它在产品的包装袋上印了什么？扎着俄罗斯农妇头巾的快乐的婴儿。事实上，南澳大学的研究人员通过一项实验研究了人们在见到印有快乐宝宝的巧克力包装后的生理反应。面部肌电图的电极可以检测到微笑与皱眉时的肌肉活动。研究发现，印有快乐宝宝的巧克力棒比没有任何图像的巧克力棒更能唤起情感。

除了快乐宝宝外，实验还测试了吠犬的图像。它也比空白包装更能唤起情感。从进化的角度来看，为了生存，我们会本能地立刻注意到吠犬这类存在威胁的刺激。

根据论文《情感驱动注意力：发现草丛中的蛇》(*Emotion drives attention: detecting the snake in the grass*)，由三名瑞典神经科学家组成的科研小组要求实验被试找出藏在草丛中的一条蛇。实验被试会得到一张随机放置了恐怖刺激（一条蛇或一只蜘蛛）的网格，它的周围全都是中性刺激（花朵或蘑菇），或者正好相反（例如，被一群蜘蛛围住的一朵蘑菇）。数据显示，被试发现被中性事物包围的恐怖物体的速度要比另一种情况快得多。

这具有很强的生存价值——不过有时也会事与愿违。2012年的一个春日，伯明翰的一位居民叫来了皇家防止虐待动物协会的成员，请他们以安全的方式处理藏在他家露台中的一条危险的眼镜王蛇。此时，我们对威胁信号的超强敏感性一览无余。

结果，那只是一个橡胶玩具。

有趣的是，研究结果还表明，刺激在网格中的位置不会影响人们对蛇和蜘蛛的反应时间；然而，中性刺激的位置与被试最初发现恐怖刺激的位置越近，人们就能够越快地对其进行定位。这表明，定位中性刺激的过程费力且谨慎，而恐怖刺激则可以通过前意识的平行处理阶段进行定位。也就是说，对于情绪刺激的处理是自动且无意识的。

一项研究为我们提供了证据。它通过机能性磁共振成像来测量面对特定刺激时（在这项实验中就是中性面孔与流露出恐惧神情的脸庞）大脑的局部活动。然而，实验人员首先迅速地展现出刺激（只有16.7毫秒），随后便立即"装出"一副中性的模样。这个过程意味着被试并未明确或有意识地留意到目标面孔，换句话说，他们"看不到"它们。

尽管如此，大脑还是会做出一个重要的反应：在爬行动物脑与哺乳动物脑中，被描述为"进化适应的神经'警报'系统"的区域被激活。神经学家马可·塔米耶托（Marco Tamietto）与比阿特丽斯·德·杰尔德（Beatrice de Gelder）所做的有关情绪感知的综述表明，视觉输入会从位于大脑前部的眼睛传送到位于大脑中部的情感区域（如杏仁体），然后再到达位于大脑后部、与有意识的视觉感知相关的大脑区域。所有这些都意味着，在我们有意识地领会到究竟发生了什么之前，情感目标就已经吸引了我们的注意力！

以暴力为卖点

与之前的研究一样，我们也会不自觉地关注暴力。而且，能够敏锐地发现任何迫在眉睫的潜在危险对所有物种的生存而言都至关重要。

在测试暴力对注意力及记忆的影响时，澳大利亚的研究人员为零度可乐制作了四则虚假广告，这些广告所展示的暴力程度及其后果的极端程度各不相同。在其中一则广告中，一名男子一边喝零度可乐一边敲键盘。此时，第二名男子慢慢靠近他，并且为了偷取他的零度可乐，将一个垃圾桶扣在了他的头上（低暴力）。这时，第一名男子喊了声"哎呦"（轻微的后果）。

在另一则广告中，钉子扎进了他的头部，因此他尖叫着倒在地上，用手捂住了头，这是高暴力以及严重后果的版本。

两周后，研究人员要求被试说出广告中出现的品牌的名称。在观看了几乎没有任何暴力镜头的广告——即脑袋被垃圾桶罩住的广告——的被试中，大约有四分之一的人能够正确回想起品牌名称，不论暴力行为的后果是轻微还是严重。而在观看了存在暴力倾向的广告的观众中，如果暴力行为的后果只是一声"哎呦"而已，有29%的被试回忆起了这个品牌。然而，在观看了"演员头部被钉入钉子，随后躺在地板上痛苦呻吟"的这则广告的被试中，有56%的人记住了这个品牌！

与此同时，另一项针对广告中的暴力行为的研究发现，暴力可以"带来更高的兴奋度，增强人们对故事的态度，对广告的态度以及对广告所宣传的产品的态度"。

应该利用哪些情绪

让我们继续讨论。我们曾说过，我们相信，包括恐惧在内，人类具有六种普遍的基本情绪，这些情感全都能够吸引人们的注意力（不论是通过面孔、图片、文字还是其他形式），所有这些也都存在进化学上的解释，如表4-1所示。

表 4–1　　　　　　　　　　人类的六种基本情绪

情绪	具体内容
恐惧	采用"点探测任务"的研究表明，较之家具等中性图片，人们会对鲨鱼与枪支这类令人恐惧的图片产生注意偏向。恐惧具有适应性，因为它能够帮助我们避免受到伤害
厌恶	厌恶具有适应性，因为它能够帮助我们避免生病。Stroop 任务要求人们说出某个单词的颜色。研究发现，对于"呕吐"这类令人厌恶的单词，人们的反应时间通常会更长，因为它们会吸引人们的注意力，使他们从手头的任务中分心
惊讶	人们更容易记住与预期相反的事实。惊讶具有适应性，因为它能帮助我们理解，从而预测和控制我们的环境。稍后本章将详细介绍惊讶这种情绪
愤怒	愤怒具有适应性，因为它可以防止我们被人剥削，有助于维持公平的社会关系。我们在前面讨论过，人们能够更为迅速地在人群中发现愤怒的面孔
快乐	较之中性面孔，人们能够更快地发现快乐的脸，而且也能更快做出快乐的表情。从进化的角度来看，快乐是健康与生活幸福（如处在安全的环境中，拥有伴侣等）的标记与动力
悲伤	悲伤具有适应性，因为它与快乐正好相反，它让我们知道自己是否缺少了某些重要的东西，并激励我们去实现它。人们确实会对悲伤的刺激产生注意偏向，不过这往往提示人们患有抑郁症等情感性精神疾病

除了这六种基本情绪外，还有其他更高层次的情绪，如爱、嫉妒与敬畏，也能用来加强信息的黏性。例如，法国研究人员在 14 家面包店的收银机旁均摆放了一只为需要帮助的非洲儿童募集资金的捐款箱。捐款箱上的标语一共有三个版本，在不同的商店以及不同的日子里，粘贴在箱子上的口号会发生变化：有时没有任何标语；有时标语上写着"捐赠 = 帮助"；而另一些时候则是"捐赠 = 爱"。平均而言，在控制条件下，人们的捐款数额为 0.54 欧元[①]，在出现"帮助"字样时，捐款数能够达到 0.62 欧元。然而，如果标语中出现了"爱"这个词，平均捐款数额就能达到 1.04 欧元。

我们的结论就是，在一系列媒介中，有几种情绪可以用来吸引受众的注意力——例如，在谈到公司的竞争对手时，在 PPT 中放上一张鲨鱼的图片；将推文中的"喜欢"更换成"爱"；在广告中使用情绪化而非中性的面部等。

然而，显然还存在一个重要的问题：应该选取哪种情绪呢？

《纽约时报》的一项研究发现，影响文章受欢迎程度的唯一的消极预测因素就是悲伤——标准差的增加会导致文章被转发的可能性降低 16%。此外，研究还表明，悲伤的面孔和图像只能引起特定人群，如抑郁症患者的关注。似乎应该避免选择悲伤这种情绪——所以，积极情绪就比消极情绪更有效吗？

---

① 1 欧元≈ 7.8069 人民币。——译者注

例如，尽管有一些证据表明，积极而非消极的电视信息更容易被人记住，但是还有大量的其他证据表明，消极情绪一样拥有巨大的力量。例如，前面提到的《纽约时报》所刊登的文章发现，愤怒与焦虑是人们转发文章的强烈的驱动力，而另一项研究也发现，厌恶是人们传播都市传奇的原因。此外，一项实验发现，在逐一看过一份词汇表中的 280 个单词之后，人们更容易识别出带有消极情绪的词语，而不是那些中性词语。因此，即便积极的刺激比消极的刺激更有效，后者仍然比中性刺激更有价值。

更重要的是，恐惧的力量似乎惊人地强大——也许是人类最为强烈的情绪。一项针对近 400 份脑部扫描研究的大型综述研究了不同情绪刺激在激活杏仁体——大脑的情绪中心时的优势比，并将其与中性刺激的优势比进行了比较。恐惧是最有可能产生效果的情绪，它激活杏仁体的可能性比中性刺激高出近七倍；紧随其后的是厌恶（1∶6.2）与性（1∶4.8）。恐惧被认为是最基本、最原始的情感。恐怖大师洛夫克拉夫特（H.P. Lovecraft）曾说过："人类最古老、最强烈的情绪就是恐惧……"

所以，答案是什么呢？

情绪的两个基本属性之一是效价——积极或消极，而且，正如我们所见，这两种情绪似乎都能引起人们的注意。然而，情绪的另一个基本属性是唤醒度——平静或是兴奋。它似乎是决定人们对情绪刺激的关注程度的关键因素；例如，唤醒能力越强的单词越有可能被人记住。一项针对疯传视频的研究发现，"……高情绪唤醒度是人们分享视频的主要驱动因素，而效价在其中所起的作用相对较小"。

重要的是，一项研究表明，只有具备唤醒能力（既可以是积极唤醒也可以是消极唤醒）的情绪刺激才能被人记住，否则，它就需要具备正效价，如表 4–2 所示。换句话说，应该避免不具备唤醒能力的消极情绪（如厌烦、疲倦或悲伤）：它们确实令人沮丧。

表 4-2　情绪如何随着愉快与唤醒度的变化而变化

	低愉快	高愉快
高唤醒	惊慌 害怕 愤怒 紧张 沮丧 恼怒 忧虑	惊讶 兴奋 快乐 激动 欣喜 高兴 开心
低唤醒	痛苦 悲伤 抑郁 忧伤 厌烦 疲倦	满足 满意 安详 自在 平静 轻松 困倦/疲倦

情绪是一种激励因素

意识到情绪具有强大效果这一点十分重要，它不仅能吸引注意力，还能促使人们采取行动。

例如，恐惧能够极其有效地推动人们做出决策。英国喜剧组合米切尔（Mitchell）和韦布（Webb）曾经画过一幅不可思议的素描。在画中，一家牙刷公司的高管们正在讨论如何增加公司的利润。其中一人建议，他们也许可以通过提高人们对显微镜下的抗舌腺体增生以及"粗糙的舌苔"的意识来让他们明白刷舌头的重要性，从而提高公司的营业额，而其他人起初并不认同这种宣传方式。同样，人们认为腋下止汗剂之所以能够在 20 世纪早期大卖，是因为它在广告中利用了观众担心自己闻起来有异味的恐惧。信息可以巧妙地利用恐惧——不论是害怕死亡、孤独、被拒绝、失败还是其他什么——促使观众朝着某个方向行动。一项针对近 100 份关于恐惧诉求广告研究的元分析综述发现，此类信息（没错，诸如说服人们刷牙等话题）表明，强烈的恐惧在改变行为方面比低中度的恐惧更为有效。

例如，下图中的洗必泰（Corsodyl）的广告就利用了恐惧的力量来激励人们：在牙龈出血时使用漱口水——以免牙齿脱落。广告声称，如果眼睛出血，你绝不会坐视不理，那为什么要无视牙龈出血呢？当然，前者显然更加危险，但是这种比较只不过是巧妙地利用了恐惧来刺激人们采取购买行动。洗必泰的这则广告使其销售额增长了31%，同时其产品在英国的市场份额增加了2.3%。

无论是吸引注意力还是促使人们采取行动，最重要的是，情绪可以让信息变得超级有黏性。

发表在《消费心理学杂志》（*Journal of Consumer Psychology*）上的一项研究请实验被试观看了一系列穿插了广告的电视节目的片段。其中有五则广告在实验之前的预先测试中被评为中性（例如，一个画外音在讨论屏幕上出现的新款空气清新剂的优点）；另外五则被评为能够引发情绪波动的（比如以潘趣与朱迪的木偶剧形式出现的一则关于家庭暴力的广告）。两个月后，研究人员在电话中请被试尽可能回忆当时看到的广告——平均每人记住了三分之二的中性广告，但是却回忆起了95%的情感类广告！

最后，营销顾问奥兰多·伍德（Orlando Wood）在2012年发表了一篇文章，指出情感类广告能够带来有形的经营成果。平均而言，得分较低的情感类广告实现了四种商业效果中的1.7种，而得分较高的则能够达到2.7种。

情绪是一种能使人们阅读信息的有效原则，它是显而易见的无形商业指标；而像说服这类更理性的指标却无法对信息的表现做出良好的预测。莱斯·比内（Les Binet）与彼得·菲尔德（Peter Field）所做的一项研究发现，"理性信息中情感成分的比例越高，商业效应就越强；最有效的广告是那些理性内容很少，甚至完全没有理性内容的广告"。

本章小结

情绪情感

你应该：

- ✓ 认识到可爱的动物具有令我们驻足的神奇力量；
- ✓ 更广泛地使用婴儿图式（如婴儿、小狗、小猫等）迅速抓住人们的眼球；
- ✓ 关注网上的流行趋势（如猫视频），了解什么样的东西能够吸引人们的注意力，从而在信息中有用；
- ✓ 从生物学的角度来说，利用恐惧与暴力吸引人们的注意；
- ✓ 通过情绪吸引人们的注意力，促使他们采取行动。

你不应该：

- ✗ 担心使用可爱的动物会影响观众对品牌的看法——有人愿意掏钱购买产品比有人喜欢产品更加重要；
- ✗ 认为情绪越简单越好：爱与嫉妒等更高层次的情绪同样十分有效；
- ✗ 利用会使人沮丧的情绪（如悲伤）；只要能够使人兴奋起来，消极情绪也是可以使用的。

05 #HOOKED
自我相关

2014 年秋，由于职业需要而拥有强大内心的职业吞剑手罗德里克·拉塞尔（Roderick Russell）开始觉得有些害怕了。他常常发现，Facebook 网站右侧的广告栏似乎对他了如指掌，就好像有人在监视他的日常活动。举个例子，尽管拉塞尔是一名吞剑者，但是他却无法咽下维生素片：每次他都会反呕。于是，Facebook 上一条维生素片的横幅广告写道："可以轻松吞下一柄剑，可是却会因为一颗小小的药丸而反呕，你不觉得这很讽刺吗？"

拉塞尔开始有些抓狂了——他担心自己在网上的一举一动早已被人追踪，他甚至因为害怕被人监视而停用了手机。

就在这时，拉塞尔的室友布莱恩·斯威奇科（Brian Swichkow）告诉他，自己对他开了一个残忍的玩笑。斯威奇科是一位社交营销人员，他利用 Facebook 的广告平台，通过设置非常具体的人口统计学参数，直接向自己的室友投放了广告。

拉塞尔之所以如此敏感地留意到了 Facebook 上的这则广告，是因为我们生来就会留意私人——或是"自我相关的"——信息。

对于自我相关：科学怎么说

我们在前面讨论了鸡尾酒会效应——我们能在一间拥挤、嘈杂的房间里听见别人提起我们的名字，即便我们并未竖着耳朵偷听他们，或是多数人的谈话。

自科林·彻里于 60 年前开展了这项实验以来，大量研究均为他的结论提供了有力的证明：我们生来便会留意与自己有关的刺激。例如，研究显示：自我相关信息比其他信息更能分散人们的注意力，干扰他们完成任务的能力；如果屏幕上闪现出自己而非他人的名字，人们绝对不会错过它；自我相关信息比其他信息更容易被记住。我就最后一点再举一个例子，如果要求人们想象他们拥有出现在列表中的物体，他们就更有可能在列表中找到它们。

法国研究人员进行的一系列实验证实了我们对个人信息的关注程度。在第一个实验中，被试坐在电脑屏幕前，根据字母 O 在一个 2×2 网格中的位置（另外三个字母是 Q），在四个按键中按下对应 O 所在位置的那个按键。然而，在网格出现之前，实验被试首先会看到一个刺激；它将出现在其中一个网格所在的位置，并在屏幕上停留 250 毫秒。如果刺激的位置与字母 O 相同，被试的反应速度就会像人们所预料的那样更快，因为他们的目光已经被引向了那里。然而，较之他人的名字，一旦屏幕上出现了被试自己的名字，这种效应就会得到加强。这表明，我们的注意力更容易被自己的姓名所吸引。第二个实验重复了这一过程，但是这一次，定向刺激以无意识的形式出现（在屏幕上停留的时间极短）：尽管被试无法明确地"看到"自己的名字，但却依然表现出了对自己姓名的注意偏向。

与此同时，针对婴儿的研究发现：婴儿会本能地转向自己熟悉的声音，如父母的声音；在听见熟悉的词语时，11 个月大的婴儿的大脑活动会增多；婴儿在 5 个月的时候就会对自己的名字表现出注意偏向。

可口可乐的故事

最近，可口可乐就利用这项原则取得了良好的营销效果，而且它使用的也许是堪称营销史上最简单的点子：将人的名字印刷在可乐瓶的瓶身上。可口可乐公司说，这项提案迅速成为公司历史上最成功的营销活动之一：Twitter 曝光次数近 10 亿，# ShareaCoke 的推文高达 23.5 万条，而且一共售出了超过 1.5 亿瓶个性化可乐。在这之前的 10 年里，可口可乐在美国的销量持续下滑，但是此次营销一举逆转了这种趋势，它在美国的销量增长了 4.93%，而当年的市场份额也扩大了 2.75%。

姓名字母效应

社会心理学中有一条十分有趣的原则叫作"姓名字母效应"或"内隐自我主义"。它指出，姓名及其首字母会对我们在生活中所做的决定产生重大的影响。例如，"霍莉（Holly）"会偏爱本田（Honda）汽车。尽管该效应的稳健性遭到了质疑，但是相关实验结果却可以进行可靠的复制，而且似乎也得到了大量研究的支持。

具体来说，各项研究不同程度地发现：名字首字母为 A 或 B 的学生比 C 或 D 的学生的学习成绩更好；人们往往喜欢在社交媒体上结交与自己同名的人，也往往会选择去那些首字母缩写与自己姓名首字母缩写相同的公司就职；这项原则也会对股市产生影响，如苏西（Susie）更有可能持有星巴克（Starbucks）的股票。有意思的是，演员艾米·汉莫（Armie Hammer）的祖父名叫阿曼德·汉莫（Armand Hammer），而阿曼德手中持有一家公司（你肯定已经猜到了）——艾禾美（Arm & Hammer）的巨额股票；姓名与个人所从事的职业之间也存在着关联，许多牙医（dentist）都叫丹尼斯（Dennis）或德尼丝（Denise）；此外，人们更有可能与姓或名与自己相似的伴侣结婚……此类例子不胜枚举！

第二部分　引人注意　53

我们可以利用姓名字母效应来制作有效信息。以慈善捐款为例，密歇根大学的研究人员发现，如果飓风与自己同名，人们就更愿意为赈灾捐款，卡特里娜（Katrina）飓风的捐款图就说明了这一点，如图 5-1 所示。因此，利用名字或首字母缩写来创建个性化信息是吸引别人阅读的一种有效手段。

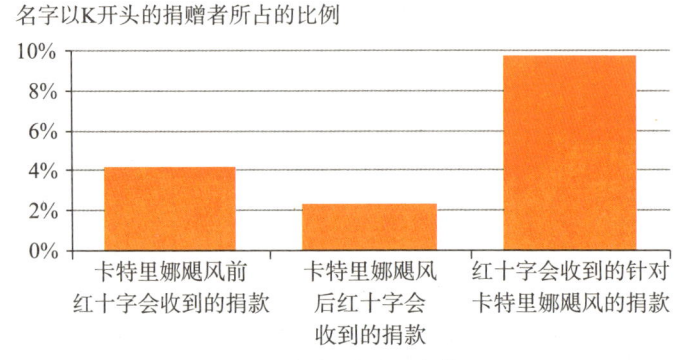

名字以K开头的捐赠者所占的比例

类别	比例
卡特里娜飓风前红十字会收到的捐款	约4%
卡特里娜飓风后红十字会收到的捐款	约2%
红十字会收到的针对卡特里娜飓风的捐款	约10%

图 5-1　卡特里娜飓风捐款图

关注我们自己的世界

除了名字与首字母缩写之外，还有一些其他类型的自我相关刺激能够吸引人们的注意力。

我们关注的其他私人物品包括我们的财产。日本研究人员拍摄了一些有关伞、鞋、包与茶杯等物品的照片，其中一些是实验被试的个人物品，而另一些则不是（因此他们对这些物品不太熟悉）。研究发现，与不熟悉的物品相比，人们在见到自己的个人物品时，大脑中特定区域的活动就会增多，这表明个人物品更能吸引人的注意力。

有趣的是，另一项与之相关的技巧是使用与个人相关的语言。中国心理学家在一次对大脑活动进行的测试中，请实验被试完成了一项对象甄别任务——即在刺激出现时按下按键。研究人员测量了某些特定代词（尤其是"他的"和"我的"）作为刺激出现时的实验结果。研究发现，后者（"我的"）明显比前者（"他的"）产生了更多（与注意过程有关的）P300 反应[1]。

---

[1] 有心理因素参与的诱发电位包括晚成分、随因电位和运动相关电位。其中晚成分主要包括 200~500 毫秒内的正负电位，通常依其主要成分的极性和潜伏期而定名。潜伏期在 300 毫秒左右的正波定名为 P3 或 P300，称晚正波。——译者注

因此，那些具有个人魅力的信息，使用"我是"这样的个人语言，并且内容与受众个人相关的信息，更有可能吸引受众。

熟悉度

我们会关注自己熟悉或是"给我们留下了印象"的事物。你是否曾在购买了一件新款 T 恤或是手提包之后，就开始留意到，似乎许多路人都拥有这款产品？

也许，上述原理最著名的例子当属曝光效应。罗伯特·扎荣茨（Robert Zajonc）的研究对后世产生了重大影响。他在实验中向来自西方国家的实验被试们介绍了一系列汉字。对于母语为英语的被试而言，这些汉字完全就是毫无意义的形状。随后，他再次向被试们展示了其中的一些汉字，并请他们就这些汉字的熟悉程度以及他们的喜爱程度进行评价。复现无法增加对汉字的熟悉度——也就是说，被试未能明显地辨认出这些汉字；但是，它却会对人们的喜爱程度产生显著的影响。被试倾向喜欢自己熟悉的形状，即便他们并未有意识地记住这些形状。扎荣茨认为，这是由感知流畅性造成的。也就是说，大脑更容易处理熟悉的刺激，意识会将这种增强后的"注意"误认为是个人的偏好。因此，与黏性信息这个话题最相关的暗示就是，越熟悉的物体越显眼。

自扎荣茨以来，许多实验也都证实了注意力的启动效应，即人们会更留意自己熟悉的事物或是在脑海中留下了更深刻印象的刺激。例如，一项研究发现，如果事先要求实验被试们饮酒——是的，让他们喝一些酒——就会导致他们对和酒精相关的刺激产生注意偏向。与喝了不含任何酒精的安慰剂的被试相比，饮酒者在 Stroop 任务（研究人员要求他们念出纸上所列的单词的颜色）中的表现更差。由于他们的注意力已经被"啤酒"这类单词所吸引，因此一旦出现这些词，他们的注意力就会被分散。甚至连鸽子的身上也会出现这种效果：如果事先给它们看一幅图片，它们就会更快地将其辨认出来。

研究人员在将该原则投入使用之后发现，人们会留意自己认识并且喜爱的人的面孔，以及自己所熟悉的名字。宠物保险公司 Affinity Petcare 就为我们提供了一则很棒的案例：在一场以推广公司网站为目的的电子邮件营销中，营销人员只不过是在邮件的主题栏中输入了收件人各自所养的宠物的名字，营销效果就大大超过了预期。

使用所有人都十分熟悉的刺激也很有用。例如，有证据表明，人们会对名人的脸产生注意偏向；长期以来，名人都被认为是实现信息黏性的有效途径。

信息也可以通过考虑信息发出时人们可能在想什么来吸引人们的注意力。研究员詹妮弗·科恩（Jennifer Coane）与大卫·博拉塔（David Bolata）进行了一项词汇判断的测试。实验被试必须迅速判断屏幕上出现的一串字符是否为单词并且立即按下相应的按钮。这项测试全年都在进行。测试的单词分属不同的类别，包括圣诞节（如胡桃夹子、驯鹿）、复活节（如兔子、大斋节①）、情人节（如丘比特、鲜花）等。测试所处的季节与词类之间存在着显著的一致性效应，换句话说，圣帕特里克节②前后，人们识别"小老头精灵"这类词汇的速度明显加快。此外，研究人员还检验了该原则在现实中的应用情况。一项店内调查发现，如果在万圣节前一周，要求人们说出一种糖果或软饮料的品牌名称，他们会更容易想到一些橙色的品牌，如新奇士（Sunkist）或芬达——因为橙色包装能够使这些产品在人们的脑海中凸显出来。

> ## 季节性个性化
>
> 有两个品牌在利用季节性个性化原则增加信息对受众的吸引程度方面为我们提供了很好的范例。
>
> - 2007年，吉尼斯主办了一场出色的电子邮件宣传活动，此次宣传在戛纳国际创意节上获得了评审团大奖。收件人会在自己生日的当天收到一段视频，内容是酒吧老板祝福他们生日快乐并建议他们与三五好友畅饮一杯吉尼斯黑啤酒作为庆祝。60%的收件人打开了这封邮件，其中95%的人采纳了视频中的建议；每月有3万人发送电子邮件邀请朋友小酌。
> - 2012年，奥迪汽车公司在圣诞节期间向客户发送了一份个性化的电子邮件，邮件展示了圣诞老人从拉普兰到客户家中的谷歌地图路线。奥迪称，这封邮件是公司当年所发的250封邮件中效果最好的一封，也是整个奥迪品牌规划中性价比最高的营销活动。

---

① 大斋节亦称"封斋节"，是基督教的斋戒节期。大斋节始于圣灰节，后者位于复活节前的第七周。——译者注
② 每年3月17日为纪念爱尔兰守护神圣帕特里克而举办的节日，是爱尔兰的国庆节。——译者注

大规模客制化的未来

尽管个性化刺激十分有用，但幸运的是，技术进步意味着适当的大规模客制化比以往任何时候都更加可行。

在这一点上，美国零售商塔吉特公司为我们提供了一则惊人的例子：塔吉特向一位美国消费者表达了诚挚的歉意，因为他只有十几岁的女儿收到了关于婴儿衣物与婴儿床的促销邮件。女孩的父亲抱怨说："你们是在鼓励她未婚怀孕吗？"

几天后，塔吉特再次致电这位父亲表示歉意。不过这一次，他却显得有些底气不足了。事实证明，他的女儿确实怀孕了。

令人惊讶的是，塔吉特的内部统计软件在自动分析了女孩的店内购物记录后，计算出她有极大的可能已经怀孕。泄露秘密的是她购买的某些维生素片与洗漱用品。因此，一些简单的销售数据再加上对统计数据所进行的智能分析，塔吉特便得出了女孩已经怀孕的判断——甚至比她的爸爸知道的还要早！凭借这些信息，塔吉特可以与客户进行高度个性化的沟通，塔吉特这个品牌就显得名副其实了[1]，受众显然注意到了这一点，而且不太可能会忘记。

大规模客制化的创新

技术创新使人们有可能创造出具有巨大吸睛潜力并且超级个性化的创新信息。电影《少数派报告》（Minority Report）所描绘的未来似乎已经不再遥远。下面这些公司就为我们提供了例证。

英国超市巨头乐购已经宣布，公司旗下的加油站将引入面部识别技术：摄像头将对顾客的年龄和性别进行评估，随后在屏幕上播放以该人群为目标的广告。

与此同时，《营销》杂志报道称，星巴克和欧莱雅等公司均与西班牙电信英国公司进行了合作，开展了基于位置的广告宣传：当选择加入该项计划的西班牙电信英国公司用户来到某家星巴克门店附近时，就会收到星巴

---

[1] 塔吉特公司的英文名称 Target 在英语当中的意思是"锁定目标对象"，因此公司对客户精准投放广告的行为可谓是"名副其实"了。——译者注

> 克发送的促销短信；同样，只要他们位于化妆品店附近，也会收到欧莱雅发送的买一赠一的短信。

不过，也许当今最伟大的大规模客制化工具当属社交媒体。只需邀请客户用自己的 Facebook 账户登录，公司就能获取包括个性、智力、幸福感等在内的大量个人信息。剑桥大学心理测量学中心发表的一篇论文证实了这一点。他们开发了一款 Facebook 应用程序来进行人格测试，从而将 Facebook 上的数据与个体差异联系在了一起。例如，他们在对 Facebook 上的"点赞党"进行研究之后发现，人格特征与"点赞党"之间存在下列关系：外向的人喜欢迈克尔·杰克逊；内向的人喜欢动漫；喜欢印第安纳·琼斯的人生活满意度高；喜欢《科尔伯特报告》(The Colbert Report) 的人往往十分聪明；喜欢《绝地奶霸》(The Big Mama's House) 系列电影的人往往吸毒。

此类个人信息为个性化以及随后的说服力创造了巨大的潜力。例如，我们很容易就能从一个人的 Facebook 档案中获得他的个人特征（就更不用提通话记录等大量数据点了）；雅各布·赫什（Jacob Hirsh）教授在其所发表的一篇论文中向我们展示了这些对于创作有效信息是多么有用。首先，实验被试完成了大五人格测试。然后，他们观看了五则手机广告，并根据购买意向与品牌兴趣等六个项目对它们进行评分，最后，实验者将这些内容综合在一起对广告的效果进行测量。

关键的部分来了：每则广告的文案都对五种人格类型中的一种具有明显的吸引力，比如，针对神经质类型的"拥有 XPhone，就拥有安全与保障"以及专为外向型的人设计的"XPhone 在手，精彩永不停歇"等。

只有当人格特质与广告效果相吻合时，两者之间才会出现显著的相关性。换句话说，外向型广告对于外向型人格更有效，而神经质广告则对神经质的人更有效。这项研究很好地说明了技术进步所提供的"大数据"是如何为说服力提供了巨大的潜力。

与此同时，大量证据表明了可以如何从互联网中获取其他的个人信息，并通过这些信息来增强信息的有效性。在伦敦大学学院所进行的一项研究中，被试通过一个虚拟网站预订了度假行程。网页上有一些广告。其中一则是一款抗衰老护肤霜的广告，它或是采用了一张不知名的老者的照片，或是给出了被试本人年老之后的照片。眼动追踪显示，平均而言，如果广告中出现了自己的脸，人们观看这则广告的时间就会增加一倍。

还有大量实验研究了个性化对电子邮件响应率的影响。例如，图 5–2 所示的实验发现，与姓名有关的数据是实现有效性的有效途径。

电子邮件响应率

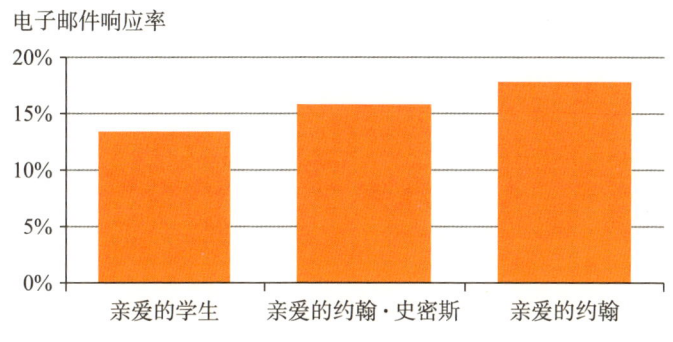

称呼	响应率
亲爱的学生	约13%
亲爱的约翰·史密斯	约16%
亲爱的约翰	约18%

图 5–2 个性化对电子邮件响应率的影响

因此，最终，除了原始信息与感性信息，还有第三类刺激可以吸引人们关注信息并且实现令人难忘的效果——这次是个人信息。

练习

未来的广告牌

假设你无须担心技术或是金钱方面的问题。你的任务是设计一款将会在主要街道展示的互动广告牌，告诉人们应该按时缴纳道路税。发挥你的创造力，设想一下，五到十年之后，也许个人移动设备上的数据可以完全自由地转移到周围的设备上。为了抓住人们的眼球，你会在广告牌中加入哪些功能？为了尽可能提高广告的有效性，广告牌需要做哪些事，说哪些话？

本章小结

自我相关

你应该：

- ✓ 利用个人信息来吸引注意力——不论是某个人的名字、脸还是他们的爱好等；
- ✓ 使用人称代词来实现相同的效果；
- ✓ 了解最新的科技动态，因为它们可以为信息个性化创造令人惊叹的机遇。

你不应该：

- ✗ 仅仅局限于纯粹的个人信息，一些有效的刺激对所有人来说都是个性化的，如时令装饰、名人与音乐等；
- ✗ 一旦涉及个人信息，就忘记了人们关注隐私与安全；有时，人们会仅仅因为商业创意令人毛骨悚然或是侵犯隐私而对它们产生反感。

06 #HOOKED
出其不意

几乎可以肯定的是,达米恩·赫斯特(Damien Hirst)的这件艺术作品绝对已经引起了你的注意,因为它让你大吃了一惊。

我们可以考虑两种会令人大吃一惊的情况:一种是爬行动物般的基本惊讶,就像是被人扇了一记耳光;而另一种则更具认知力,就像是在美术馆里见到被切成两半、泡在甲醛里的奶牛。让我们先挨一记耳光吧。

对比

我一直很奇怪,为什么迈克尔·贝(Michael Bay)的《变形金刚》(Transformers)系列电影如此受欢迎。《变形金刚4:绝迹重生》(Transformers: Age of Extinction)是2014年第一部票房收入超过10亿美元的电影,而它在中国首映周的票房就达到了9000万美元，创下了行业纪录。

尽管这部电影受到了全球观众的热捧，但是却遭到了影评人的口诛笔伐：《绝迹重生》在烂番茄上的新鲜度得分仅为18%。该系列电影通常没有任何情节、角色发展、叙事张力或智力趣味；特效无非就是一群嘈杂的大机器人（有时荒唐地怀有种族偏见，有时挂着不断晃动的机器人睾丸）四处撞击、碰撞、爆炸。借用Quickflix公司一位影评人的话，一部通篇都是"毫无逻辑的噪音与动作"的电影怎么可能会如此成功？

实际上，这也许才是重点。

为了更多人的利益，流行文化博主凯尔·范霍夫（Kyle Vanhove）做了一件非常痛苦的事情：他向迈克尔·贝的电影作品[到《变形金刚3：月黑之时》（Transformers:Dark of the Moon）为止]发起了挑战。他计算出了每部电影中的爆炸次数。这些数据十分宝贵。结合电影的票房，我们得到了下面的图6-1。从中可以看出，相关系数是0.94：爆炸场面越多，电影就越成功。

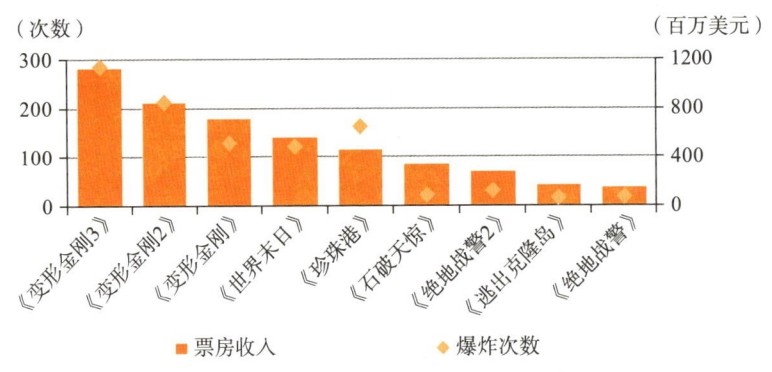

图6-1 迈克尔·贝所执导的电影中爆炸场景与票房之间的关系

这个例子（不得不承认，它相当不科学）很好地证明了"出其不意"的第一种类型——通常叫作"对比"。无论是颜色、运动还是声音，凡是与环境形成鲜明对比的事物都不可避免地会立即吸引我们的注意力，这是我们的天性。

这种现象被称作定向反应（the orienting response）。这个短语是由巴甫洛夫创造的（他也将它称作"这是什么"反射），它指的是我们对环境中突然出现的运动或声音的变化（比如爆炸）的反应方式，我们甚至在有意识地辨别出究竟发生了什么事之前就已经不自觉地注意到了它。脑电图研究表明，视觉或听觉上的对比会不由自主地吸引人的注意力，而且它会涉及与注意过程相关的区域（与之前讨论过的个性化等过程相同）。事实上，人们已经证明，定向反应会导致感受器（如眼睛和耳朵）关注刺激，从而造成心率降低，皮肤温度升高，皮肤电导率增加（即出汗）而且流向脑部的血液增多。

当然，此类反应也具备高度自适应性，因为它能将有限的资源引向需要我们注意的事件，因为它们可能具有威胁性、与个人相关或是对生存有益。

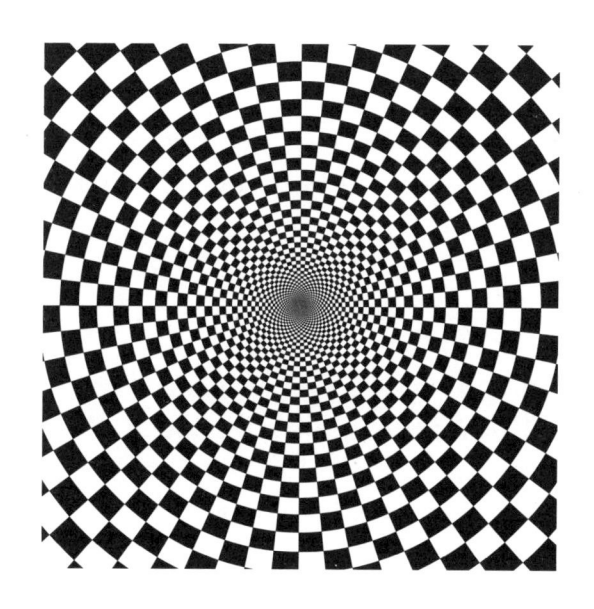

例如，你也许已经产生了上面这幅图形正在转动的错觉。

有趣的是，在迈克尔·贝迷恋爆炸这个问题上，有证据表明，互联网与电视之所以会让人上瘾，可能仅仅是因为它们含有大量动作与视觉上的对比。几项研究表明，在电视信息中引入大量对比（如通过剪辑）可以增加人们对该信息的关注度。

在美国进行的一项实验中，研究人员从广告和电视节目中挑选了20条时长为一分钟的电视信息。从剪辑的角度来说，这些信息可以分为慢速、中速、快速与超快速（0~7、8~15、16~23与24+），它指的是在一个视觉场景中从一个镜头切换到另一个镜头的速度。他们通过皮肤电传导与自我报告对被试的唤醒水平进行了测量，同时要求实验被试在看完视频片段之后，完成针对这些视频的视觉识别的反应时间记忆测试。我们可以在图6–2中看到，信息中的视觉对比或是运动越多，人们给予它的关注就越多，它在记忆中的编码也就越好。

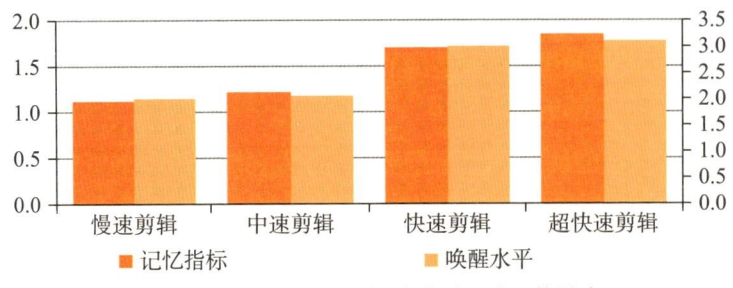

图 6-2 电视信息剪辑对记忆与唤醒水平的影响

《生物学家》（*Biologist*）杂志发表的一篇文章指出，近年来，电视节目已经朝着这一趋势做出了巨大的改变：文章称，研究人员在对26年来的《芝麻街》（*Sesame Street*）节目进行研究之后发现，在这一时期内，电视剪辑的数量增加了一倍！这一点也许并不奇怪。

这条原则的一个重要意义就是，只要有可能，就最好使用移动，而非静态的图像和文本。

华威大学与莱斯特大学的研究人员请实验被试在电脑前用六分制对150种不同刺激的独特性进行评分。三分之一的刺激是静态图片；三分之一的刺激是由六张静态图片制成的"电影"，这些图片依次出现，均在屏幕上停留0.5秒；剩下的三分之一则是真实的时长为三秒的视频。然后，他们又在一天及一周之后，请同一批被试观看了150个视觉刺激——每种类型的刺激中都有半数的内容进行了更换——并请他们按下按钮，表明他们是否在前一次的实验中见过这些刺激。如图6-3所示，视频的记忆效果明显优于另外两类刺激。

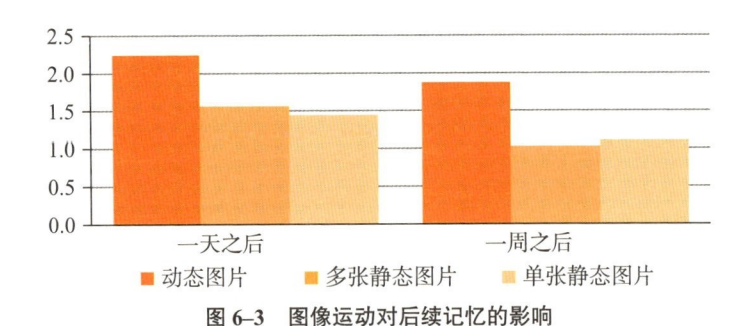

图 6-3 图像运动对后续记忆的影响

除了运动之外,人们的注意力还会被颜色和光线的对比,以及视觉变化和噪音所吸引。

因此,假设你需要制作一则电台广告,并且希望人们能够留意到其中的一些关键信息。你会怎么做?

说不定,你现在已经有了一些好主意了,但是刊登在《广告杂志》(*Journal of Advertising*)上的一篇论文发现,噪音对比能够实现卓越的效果。研究人员利用不同的背景音乐创作了四则电台广告:一种全程使用背景音乐;一种只在第一条重要信息出现的时候停播了背景音乐,从而起到强调的作用;第三种与第二种类似,只不过它所强调的是第三条信息;最后一种则完全没有使用背景音乐。被试们收听了其中的一则广告,接受了无辅助回忆度测试,要求他们写下自己所能记得的有关广告的一切信息。

当广告完全没有使用背景音乐时,信息的平均回忆度是21%;全程播放广告的时候,这个数字只有10%。然而,如果只在传递信息的时候中断背景音乐,该信息的回忆度就高达65%。巧妙运用对比可以吸引人们关注重要的信息。

与此同时,一系列店内实验也展示了如何通过各种对比来吸引人们的注意力,实实在在地提高销量,如图6–4所示。

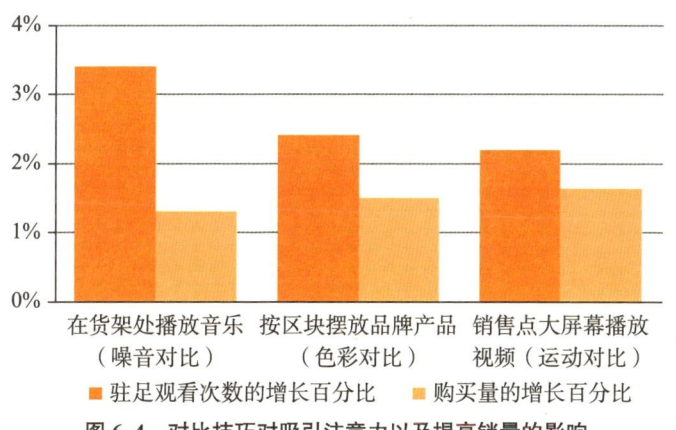

图6–4 对比技巧对吸引注意力以及提高销量的影响

在店铺内使用对比

对比是一种改善促销方案、吸引顾客注意产品的好方法。吉尼斯公司仅仅是在过道中摆放了一个由硬纸板制作的鱼鳍，就实现了对比：其间产品销量增长了25%。

就更直接的交流而言，在线横幅广告就是一个很好的使用对比的例子。一篇论文表示，与静态广告相比，使用动态广告之后，回忆率从24%增加到了48%，识别率从56%上升到了76%，点击广告、进一步了解详情的意愿则从3.3增加到了4.1（采用1～7分的评分系统）。而且，尽管我们很鄙视带声音的横幅广告，但是它们却能使回忆率从9%提高到15%，点击率从1%提高到7%。

因此，我们的结论是，可以仅仅通过使用与环境形成对比的事物（如噪音、运动或者颜色），使人们注意到信息，从而增加信息的黏性。

再举最后一个例子。英国铁路网公司在伦敦国王十字车站引入了一位虚拟助理路易丝——这位面带微笑的热情女性是一个投影在纸板上的会动并且会说话的全息图。她会通过语音提示乘客，携带大件行李的乘客应该使用升降电梯，而不是自动扶梯，因为他们的行李可能会阻塞自动扶梯，万一行李从扶梯上滚落，也有可能造成危险。制造商说，在路易丝的帮助下，使用升降电梯的乘客数量增加了260%，铁路网公司已经在全英各地的其他车站也推出了虚拟助理。

惊讶

接下来，第二种"出其不意"的东西与第一种相似，但是在本质上更具认识性，香蕉这样的反应更少。这种类型指的是人们会不由自主地注意那些意料之外的独特的或是新的刺激。"对比"指的是刺激在某种程度上与周围环境不同，"惊讶"则更多的是对世界的心理表征不同。

例如，当你在上一段读到"香蕉"这个词时，你的大脑可能会超负荷运转，因为这个词不符合你对这个句子的预测。

加州大学的研究人员公布了一项针对惊讶的研究结果。为了测量被试的大脑活动，研究人员请他们戴上了脑电图帽，并且请他们阅读了一系列句子，其中一些句子含有语义上不协调的词语——比如，"其他众所周知的爬行动物有蛇、蜥蜴、眼球和短吻鳄"或者"海龟不如哺乳动物那样聪明，如袜子或狗"。

数据显示，当被试读到句子中不一致的单词时，他们的大脑活动会大幅增加，这意味着那些单词显著增加了无意注意和处理的程度。正如研究人员所说的那样，这些词"不会被忽视"。他们之前的实验同样证明，这类词汇会被人们熟知并且记住。

从本质上讲，意料之外或令人惊讶的单词会吸引注意力。论文《对于惊奇的实验分析》(An Experimental Analysis of Surprise)的结论印证了这一点。研究人员在屏幕上向被试展示了上下排列的一组单词。随后，在两个单词其中之一所在的位置会出现一个点。该点将持续出现100毫秒。被试按下两个按钮中的一个来指示这个点所在的位置。实验一共进行了29次。在第30次实验中，其中一个词以黑底白字的形式出现，而其他所有的词均采用白底黑字的形式。这打破了人们的预期，与他们所习惯的模式不一致。

如果这个点紧跟着一个令人惊讶的刺激出现，人们的反应时间就会明显延长，因为他们的注意力转移到了这个惊奇的刺激上。

与意料之外的刺激相似，我们也会注意到与众不同的东西，即不同寻常或是不同的刺激。例如，独特性效应是心理学中确认已久的一种现象，也就是说，我们对那些因为与众不同而从周围环境中凸显出来的刺激的记忆会得到增强：在一系列含有"钻石"一词的句子中，与"男孩在珠宝店中发现了一颗巨大的钻石"这句话比起来，"男孩在苹果酱中发现了一颗巨大的钻石"更有可能被记住。同样，另一种确认已久的发现是隔离效应。它认为，如果一个刺激与和它一同出现的其他刺激不同，它就更有可能被记住：一项研究在实验中将数字放在了一串无意义的词汇列表中，71%的人回忆起了这个数字，但是如果将这个数字放在一串数字列表的中间，它的回忆率就只有48%。同样，新异刺激效应指的是大脑活动的跳跃性，如果在一系列频繁重复的刺激中出现了重复次数少的刺激，那么大脑就会对此做出与注意力相关的活动。

第三种也是最后一种类型是"新异"。总的来说，我们会关注不熟悉或是全新的刺激，而不是仅仅出现在特定背景下的刺激。与此相关的一个有力的心理学原理是怪异效应。也就是说，人们对于古怪、不熟悉的刺激的注意和记忆会更加强烈。一项神经影像学研究发现，在见到古怪的图像（比如把扳手的脑袋嫁接到羊身上的图片）之后，大脑发出的信号会更强烈。这也许在如何才能创作出成功的流行艺术方面给出了一些暗示！

顺便说一下，言语刺激也能产生同样的效果。

网络原创的力量

加州艺术家（曾经是兽医）萨拉·德雷姆（Sarah DeRemer）的作品曾登上过《卫报》《每日邮报》《每日电讯报》等报纸。为什么她的作品会如此成功并且引人注目呢？她把一个动物的头移植到了另一个动物的身上（利用Photoshop技术），从而创造了现在被网民们称作"杂交动物"的东西。该流行现象拥有自己的定制板块、超过3万的订阅者以及每日更新的图片——下图就是其中之一。与互联网所有的优秀创意一样，一家广告公司在为大众设计广告的时候就剽窃了这个想法。

social网站 4chan 中的一个论坛板块 r9k，利用了广受欢迎的网络漫画 xkcd 所创造的 ROBOT9000bot。它的吸引力就在于，bot 板块只允许人们在论坛上发布新的帖子。bot 的创造者解释说：

我一直在想，到底是什么让一个频道一直让人乐此不疲——我最喜欢浏览的那些频道有个共同点，它们似乎都很重视原创以及不可预测的内容。不用非得是有用的信息，只要有趣就行……然后，我有了一个想法——如果只允许人们发表之前从未有人说过的言论，会怎样呢？

事实上，惊讶也许是网络扩散度最重要的预测因子。发表在《国际广告期刊》(*International Journal of Advertising*) 上的一篇文章利用不同指标对 100 多则广告进行了评测，然后指出了它们在 YouTube 上的播放次数：除了名人之外，独特性也是广泛传播的一个重要决定因素。同样，在《为什么要传递病毒式的信息》(*Why pass on viral messages?*) 这篇论文中，被试被要求根据包括惊讶在内的六种基本情绪对九项病毒式营销活动进行评级。结果发现，惊讶是最主要的因素，而这九项活动都实现了这一点。

成功利用惊讶进行病毒式营销的一个例子就是梅赛德斯-奔驰的"小鸡"营销。它只包含一段小鸡的视频。视频中，这只鸡的脑袋始终没有挪过位置，但是它的身体却被一双手推着左右移动。这段独特的视频对于人们对奔驰的关注度产生了巨大的影响：仅在前三周，这段视频在 YouTube 上的播放量就超过了 500 万次。在观看视频的人当中，有 8% 的人分享了这段视频，从而使这段视频成了梅赛德斯-奔驰有史以来最成功的网络视频；到 2013 年底，梅赛德斯-奔驰已经成为最受全球网民喜爱的汽车品牌；视频为该品牌在互联网上赢得了 150 万新的粉丝。宣传曝光率比预期提高了五分之一。

婴儿学家的研究证明了新异事物在吸引注意力方面所具有的力量。实验表明，如下图所示，如果向婴儿展示他们以前从未见过的图案，即使只是简单的黑白棋盘，他们也会被它吸引，而且会盯着它看很久；然而，如果不断接触同一种图案，婴儿看它的次数和时间就都会逐渐减少。而如果向他们展示一种新的图案，那么，他们的注意力又会被激发！与此同时，另一项研究得出结论，"新异的物体可以促进各年龄段的人产生探索的兴趣"。

不仅如此，发展心理学家也对"为什么我们会注意这些令人惊讶的刺激"这一问题做出了一些关键性的解释。同样，与所有特征（他们指出，甚至包括像自闭症这样的精神病理学特征）一样，惊讶也具有适应性，但那到底是什么呢？

最近，约翰·霍普金斯大学的两位认知心理学家在一项研究中发现，当人们向11个月大的婴儿出示一些不符合他们期望的令人惊讶的东西时，他们不仅会被这些东西所吸引，而且会在解开谜题之前，一直专注地摆弄它们。举个例子，如果婴儿看到一个球滚下斜坡，然后似乎穿墙而过，那么，与那些看见球被墙挡住的婴儿比起来，他们会对球产生更大的兴趣，例如，将球重重地砸在地板上，从而测试它的硬度。

其中一名研究人员丽莎·费根森（Lisa Feigenson）解释说："我们的研究表明，婴儿能够使用他们已知的有关世界的信息来进行预测。当这些预测被证明是错误的时候，婴儿就会将其作为学习的特殊机会……当婴儿感到惊讶的时候，他们会学得更好，就好像他们正在利用这个机会去试图探索他们所在的世界。"

这在表示惊讶的面部表情——惊讶地扬眉中十分明显。它包括两个特征：首先，睁大眼睛，扬起眉毛，这样我们就能尽可能多地掌握视觉信息；其次，由于我们的认知资源开始集中在了解决眼前的难题上，我们张大嘴巴，脸和身体变得无法动弹。

因此，惊讶具有适应性，因为它可以帮助我们了解这个世界，使我们能够更好地理解、预测和控制它；惊讶是人类认知和进步背后的驱动力。

进化心理学家雷纳·赖森采恩（Rainer Reisenzein）对相关文献进行了总结："惊讶的感觉会告诉意识，发生了一种与图式不符的情况，并通过激发人们想要了解其本质与原因的好奇心，为分析这种图式差异提供最初的动力。"

因此，惊讶是人们产生兴趣或好奇心的第一步——吸引观众的注意力，好奇心（将在接下来的章节中讨论）则是下一个阶段。观众通过认知处理这个刺激，从而揭开谜题。

但是，在此之前，已经有大量研究表明了惊讶在创作有效信息时的实用价值。以广告为例，许多研究表明，广告越有创意，就越有可能引起人们的注意、深度加工、记忆或辨识。例如，与前面概述的独特性效应相呼应的是，如果把一个品牌的标语放置在其他品牌之间，由于它能够从其他口号中脱颖而出，因此可以被更好地记住。在另一项实验中，被试观看了穿插广告的电视节目，在五分钟的干扰任务之后，他们被要求尽可能多地回忆起广告品牌。控制组广告品牌的回忆率是28%，而创意广告品牌（也就是那些获得了创新奖的品牌）的回忆率则达到了41%。

重要的是，广告公司在中国的调查发现，营销活动的创意性是预测营销能否成功的一个强大且积极的预测因素。事实上，一项针对一系列美国广告公司高管的采访总结道："创意被视为可以对有效性产生影响的最重要的因素……"

索尼公司品牌Bravia的"球"广告就是一个很好的例子：慢速播放2.5万只色彩鲜艳的橡皮球在旧金山街头弹跳的画面。广告播出之后，索尼在液晶电视市场的排名从第四位一下子跃居榜首，其在欧洲的市场份额从10%增至了14%。

最后，惊讶是一种让信息脱颖而出并引起注意的非常有效的方式，它能引发更深层次的认知处理，我们将在后续章节中讨论，这是实现有效沟通的第二个关键步骤。

案例分析——Jackpotjoy

2012年，宾果游戏网站Jackpotjoy想吸引人们关注网站上的"FUNdation"板块。人们可以在这里提交他们对于有趣的事情的想法，并且有可能赢得

25万英镑的大奖，让自己美梦成真。该品牌希望能以一种有趣的方式吸引人们的注意。于是，它们的解决方案是：一只漂浮在泰晤士河上的巨大的橡皮鸭。

65家媒体刊物报道了这只橡胶鸭，为"FUNdation"网站带来了两万次的点击量；更重要的是，这个噱头使Jackpotjoy这个独立品牌在英国的知名度上升了7%，在伦敦上升了10%。

还有什么能比一只巨大的橡皮鸭更有创意呢？

练习

设计网络横幅广告

设计一则网络横幅广告来推销多芬的新款面霜CreamEx2000。这则广告必须出人意料才能在网络上吸引人们的注意力。不要仅仅使用动作与声音——有点创意！为了能够实现出人意料的效果，首先想想网页浏览或是横幅广告的三条惯例，以及网页或横幅广告的现状如何。然后，针对每条惯例，写下一种可以打破惯例、使你的横幅广告出人意料的方式。例如，最近的一项创新就是弹出全屏广告。用户必须手动关闭广告，这就打破了横幅广告通常出现在页面顶端或侧面的惯例。

本章小结

出其不意

你应该：

- ✓ 利用突然的动作和噪音来吸引人们关注你的信息；
- ✓ 尽可能使用动图而不是静态图像和文本；
- ✓ 巧妙利用对比来传达信息或信息中的一部分，尽可能强化这些信息（例如，除了在叙述关键信息时使背景保持安静，其他时间发出很大的声音）；
- ✓ 使用认知惊讶（也就是意想不到、新奇的或古怪的东西）；
- ✓ 富有创意。

你不应该：

- ✗ 低估色彩、光线或运动的对比这类简单原则在吸引人们注意力时的力量；爬行动物脑具有很大的影响力；
- ✗ 做得过头；你也不希望动图或是噪音会分散人们的注意力或是阻碍信息的输入吧？
- ✗ 过度惹恼消费者，因为这有可能会适得其反：人们喜欢惩罚自己感知到的不公平。

第三部分

发人深省

吸引注意力只不过是抓住受众的第一步；注意是必要条件，但却不是充分条件。

想一想，你每天能够见到多少张脸，多少次听人提及你的名字，或是能够看到多少张色情图片。然而，尽管他们吸引了你的注意，但是却很少能够对记忆或行为产生持久的影响。

例如，一个实验测试了人脸对横幅广告能够获得成功的影响，并发现就像前面提到的麦片盒一样，人脸能够吸引更多的关注，人们浏览带人脸广告的时间是普通广告的四倍左右。然而，如下图所示，如果广告画中的人物看着广告信息时，人们对于广告信息的记忆就会明显增强。模特的目光会将人们的注意力集中到广告文字上，推动人们仔细阅读广告内容。因此，尽管人脸本身也能够吸引人们关注广告，但是如果它还能增强广告的阅读效果的话，那最终效果就会更加明显。

一系列针对资深广告业高管的采访发现，他们相信，有效沟通存在一个清晰的两步走的过程——"突破"与"参与"。在杂乱的环境中引起注意是第一步；让受众真正去思考信息是第二步。

首先，注意和认知加工都在记忆中起到重要的作用；加工的深度能够增强对信息的记忆（当然，如果人们记住了信息，信息就更有可能对随后的行为产生影响）。

多伦多大学的研究人员就为我们提供了一个例证。他们向实验被试展示了40个单词，并要求他们就每个单词回答一道是非题。共有五种类型的问题，回答所需的认知加工程度逐渐增强（表现为反应时间延长）。任务完成之后，他们又向被试们展示了这 40 个单词，外加 40 个新单词，并且要求他们指出之前看到过的单词。如表Ⅲ–1 所示，加工的程度越高，单词被记住的可能性就越大。

表Ⅲ–1　　　　　　　　　　加工程度与记住信息的关系

加工程度	问题样例	答案样例 是	答案样例 否	事后平均辨识度
1（最低）	它是单词吗	river	Fkxmhh	22%
2	单词是由大写字母拼写而成的吗	TABLE	table	16%
3	这个词与 weight 这个词押韵吗	crate	market	57%
4	这个单词是一种鱼吗	shark（鲨鱼）	heaven（天堂）	78%
5（最高）	这个单词可以填入下面的句子中吗："他在街上遇到了＿＿＿"	friend（朋友）	cloud（云）	90%

至于原因，记忆的激活扩散理论说明了为何加工程度如此重要。图Ⅲ–1 和图Ⅲ–2 给出了一个粗略的图解。

图Ⅲ–1　未精心设计的信息示例图

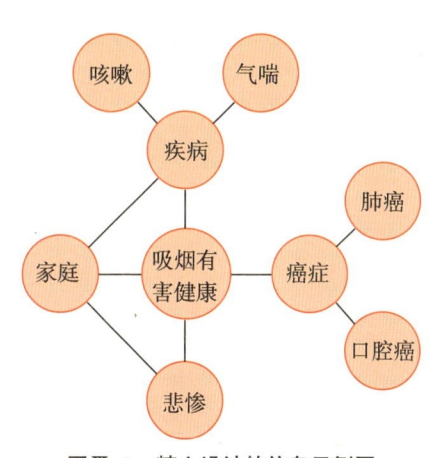

图Ⅲ–2　精心设计的信息示例图

未精心设计的信息（Low elaboration message）：吸烟有害健康——它可能会导致癌症。

精心设计的信息（High elaboration message）：想想吸烟的具体危害。想象一下由肺癌、口腔癌及其他癌症引发的咳嗽和气喘，你觉得被动吸烟会对你的家人产生怎样的影响，他们看着你死亡时的心情如何？

　　精心设计的信息更容易被记住，因为它们已经与更多的记忆"节点"建立了联结，而且这种联结有可能更强。因此，信息在记忆中被触发的可能性提高了。例如，想到家人可能就会触发经过处理的信息，而不是肤浅的信息。

　　此外，精心设计的信息更具说服力，因为受众已经在很大程度上加工了信息及其含义，因此对它有了更好的理解。例如，对于精心设计的信息而言，受众可以更好地了解吸烟的潜在危害，这显然可以更好地影响他们未来的行动。

　　那么，如何促进信息加工呢？

2013 年秋，一个名为 Webdriver body 的 YouTube 频道吸引了众多人的关注。它的每一个视频都只有 11 秒长，标题为 "aqua"，仅由红蓝两色移动的三角形和音调波动组成。在接下来的几个月里，该频道上传了近八万条这样的视频。

自然，网络上的狂热者们都在努力破解这些视频的意思——正如英国广播公司等媒体电台所猜测的那样，它有可能是间谍的秘密代码、火爆的营销，甚至是有人在试图联系外星人。在谜底揭开之前，这些视频已经在网上疯传。

在讨论为什么这个案例会引起如此轰动之前，请你先解决一道谜题——看看你能不能算出来：

如果我有三个，我就有三个；如果我有两个，我就有两个；但如果我只有一个，那我什么也没有。打一物。

（答案见第 237 页）

你翻到 237 页了吗？感觉如何？你想知道答案吗？同样地，你想知道神秘的 Youtube 视频是用来做什么的吗？

我敢说你一定想知道！

我们将在下文中讨论，我们天生就想要解决谜题，弥补理解上的空白。正如新奇、不寻常或是不可预测的事物会因为能令我们惊讶而吸引我们的注意，好奇心继而会促使我们去思考这个令人惊讶的事件，以便我们能够了解它是如何与我们对世界的理解相吻合的一样，神秘也是一个非常强大的可以激励我们对信息进行加工的因素。

例如，你会怎样处理报纸背面一个已经完成的填字游戏？你会将它珍藏起来，并且永久保存，反复温习那些似是而非的语句吗？

不会。你会把它扔掉。

新的填字游戏才能够维持你的兴趣，因为它包含了需要解决的谜题以及需要缩小的认知差距。

事实上，大量研究显示，填字游戏之类的谜题之所以能够成为有效的教学工具，是因为它将课程内容转变成了一个引人入胜的谜题，从而激起了学生的学习兴趣。例如，一篇论文指出，如果以填字游戏作为复习工具，学生在一场社会学考试中的平均得分就能够达到 76 分，而只在考前得到了关键考点的学生的得分仅为 69 分——差异显著。

同样，另一种迷人的教学工具被称为神秘的动力（the mystery motivator）。在一项研究中，五名学生被告知，如果他们能够按时提交作业，并且至少答对 20 个问题，如果他们在随机指定的未知的"神秘"的一天完成这些任务，就可以获得一个密封在信封中的神秘大奖：其中三位学生的作业质量有所提升，他们的平均分提高了 19%。另一项研究发现，这种神秘的动力能显著促进学生按时就寝。

但是，一旦填字游戏结束，或者神秘的信封打开之后，受众的兴趣就会迅速消失，他们就会把这些抛到脑后。

这可能就是为什么一旦恋爱关系变得稳定并且可以预测之后，两人之间的感情往往就会无疾而终——没有什么能够继续维持对对方的兴趣，于是他们开始厌倦、抛弃自己的伴侣，转而喜欢另一个更有趣的人，也许是开着跑车、开了一家人力资源管理公司的帆板运动员查德（去你的，查德）。一项针对 19 位已婚女性的访问发现，在导致婚姻激情减弱的三项关键因素中，有两项分别是伴侣关系的制度化与过于熟悉。一位博士生通过一系列实验发现，厌烦是感情冷淡的重要预测因素。

悬疑推理故事的文化力量

悬疑推理故事的内在力量似乎铭刻在我们的集体意识中。如果潘多拉没有打开魔盒，世界上就不会有贫穷、疾病和死亡（就是这么回事）。同样，好奇心的力量对于罗得[1]的妻子和俄耳甫斯[2]来说实在是太过强大，两人都忍不住回头看了一眼，结果前者变成了一根盐柱，而后者只能眼睁睁地看着爱妻被哈德斯[3]拉回地府。

最近，悬疑故事一直在我们喜欢阅读与分享的故事中有着持久的吸引力。2014 年，马来西亚航空公司发生了两起空难。两起事故间隔不过 131 天，同一家

---

[1] 罗得是《圣经》中摩押人和亚扪人的始祖。——译者注
[2] 俄耳甫斯是希腊神话中太阳神阿波罗的儿子。——译者注
[3] 哈德斯是希腊神话中的冥界之王。——译者注

航空公司，而且均无一人生还，在两起空难中，遇难人数均超过了200人（据官方声明）。然而，其中一起空难却比另一起获得了更多的关注；这一点从谷歌趋势图中便可窥见一斑，如图7-1所示。

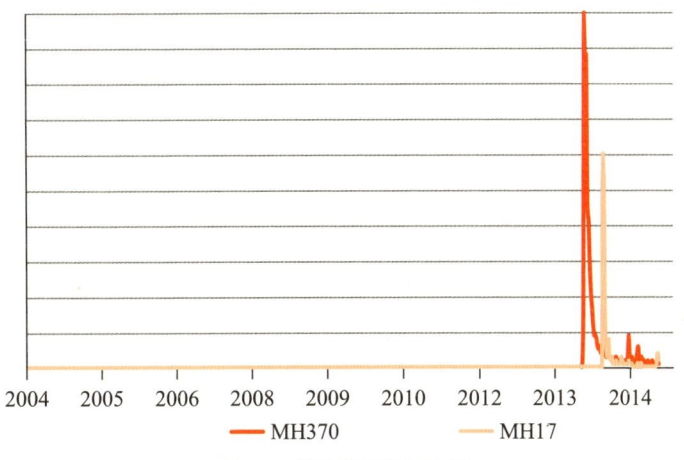

图 7-1　谷歌搜索数据比较

为什么会这样呢？MH370显然获得了更多的关注，因为它至今依然是一个谜。MH17失事的原因明确无疑：我们知道它是在乌克兰上空被击落的，我们在新闻中看到了飞机的残骸。但是MH370航班却消失得无影无踪。那架飞机究竟遭遇了什么完全是个未解之谜。

密歇根大学的研究人员公布了一项实验的结果。他们要求被试解决30个包括数学、逻辑和空间推理在内的问题。之后，他们要求被试尽可能多地回忆这些问题。平均而言，被试回忆起了33%他们成功解决的问题和45%未解决的问题。

神秘的东西似乎一直在我们的脑海中挥之不去。

广受好评的电视节目《黑道家族》（The Sopranos）就是一个很好的例子。最后一集于2007年播出，但是直到现在，媒体上仍然存在对于该剧的推测。在最后一集的结尾，在大家翘首期盼的结局出现之前，屏幕上一片漆黑。

许多粉丝被激怒了。据报道，他们纷纷登录HBO的网站抗议，直接导致网站瘫痪。甚至在八年之后，人们依然热切地猜测这个结局到底意味着什么，托尼·索普拉诺（Tony Sopranos）的身上到底发生了什么。

研究表明，《黑道家族》《绝命毒师》（Breaking Bad）、《美国恐怖故事》（American Horror Story）等节目之所以如此成功，至少在一定程度上是因为它们借助叙事张力与扣人心弦的情节等技巧引起了人们的好奇心。

例如，在一项研究中，被试阅读了同一则犯罪故事的两个版本，在其中的一个版本中，两位犯罪嫌疑人有同样的可能犯罪，因此不确定性很高。而另一个版本的不确定性很低，被试能够明显判断出两个人中究竟谁才是嫌疑人。当结果不确定时，被试对故事趣味性的评分明显更高。更明确地说，研究发现，好奇心评级是趣味性的重要预测因素。同样，另一项研究发现，悬念也是判断体育比赛是否精彩的一个非常有力的预测因素。

事实上，在这一方面，我还有一个故事要与你们分享。在写这篇文章几周前的一个周六的早晨，我醒来后准备开始工作——我有一大堆工作要做（尤其是要完成这本书）。在为一天做好准备并且吃了午饭之后，我想："为什么不看一集《黑道家族》呢？有何不可？"于是，我从下午一点开始看。你猜我看到了几点？六点。而且会这样做的人肯定不止我一个。一项针对美国成年人的调查发现，61%的美国成年人经常煲剧，也就是说，连续观看两到六集电视剧；当奈飞公司在2013年一次性发布了15集《发展受阻》（Arrested Development）的新剧集后，据报道，10%的观众在一天内看完了这15集。

好奇心：从惊讶到有趣

到底是怎么回事？为什么神秘事物如此吸引我们？

音乐心理学家大卫·赫龙（David Huron）在其著作《甜蜜的期待》（*Sweet Anticipation*）中，提出了ITPRA模型（想象、紧张、预测、反应和评价）来概括人们对意想不到的刺激做出的反应，如图7-2所示。

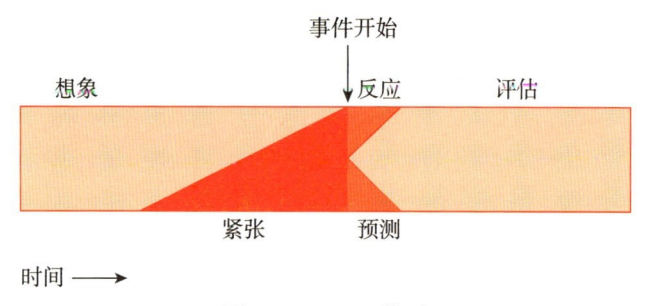

图7-2 ITPRA模型

让我们回忆一下在第6章中，当人们发现句子中存在不协调的单词，如"海龟不如哺乳动物那样聪明，如袜子或狗"时，大脑的活动就会显著增加。

让我们以此为例。在休伦的模型中，当一个人听一首歌、一个笑话，或者读一个故事的时候，他们会开始想象结果会如何，他们会做出预测。在我们的例子中，人们可能会在读到"海龟不如哺乳动物那样聪明，如……"时预测"老鼠"或"刺猬"等单词。

当读者继续往下阅读，发现可能与自己的预测相符或是相左的结果时，会产生一种生理上的兴奋或紧张感，根据最终的结果以及它是否与预测相符，读者会立即产生情绪或行为反应。更重要的是，如果结果与预测不符，就会出现评估期。在这段时间里，大脑会投入资源，试图理解结果，尽量使其能够与预期相符——为何袜子会是哺乳动物呢？

正是在这一点上，读者开始从惊讶这种直接反应转变到好奇这种认知评价上。

请注意，心理学家乔治·勒文施泰（George Loewenstein）将好奇心称作"一种认知上的匮乏，源于认识到自己在知识或理解上存在差距"。事实上，好奇心也具有适应性，因为它能激发获取与探究知识的行为，而且早已被看作一种与饥饿或口渴类似的原始欲望。

勒文施泰的"信息缺口理论（Gap Theory）"对这个认知评价阶段进行了解释。当结果与预测不符时，记忆中的这两个节点之间就会存在信息缺口，这种认知失调带来的不愉快感，会促使我们去寻找这两个看似无关的节点之间的关联，如图7–3所示。

从现实来说，在制作有效的信息时，好奇心显然有两点作用。

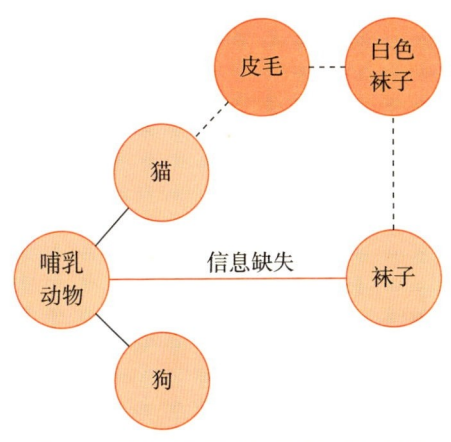

图7–3 两个看似无关的节点之间的关联

利用好奇心来激励行为

第一步就是激励行为——即要让受众真正地阅读信息或是对其做出回应，或是对某些期望出现的行为产生影响。

例如，一篇已发表的论文测试了不同的电子邮件主题对于电子邮件（要求收件人参与调查）的点击率与回应率的影响。研究人员发现，主题栏没有写明邮件内容时，点击率与回应率都更高。事实上，不仅如此，当邮件没有主题时，这两个指标都是最高的。在对该大学表现出兴趣的高中生收件人中，17%的人点击了主题为"人文科学大学调查"的邮件；然而，有24%的人点击了没有主题的邮件。

在营销活动中利用好奇心

神秘与秘密在营销活动中也扮演着重要的角色，可以使人们对信息和产品产生极大的兴趣：从情节泄露的《哈利·波特》到对新款苹果手表的猜测。

《蝙蝠侠前传2：黑暗骑士》（*Batman: The Dark Knight*）的营销就为我们提供了很好的案例。

华纳兄弟公司为观众创造了一种虚拟实景让他们去探索，其中包括IBelieveInHarveyDent.com这样的网站。访客们可以在网站上了解到虚拟人物哈维·丹特（Harvey Dent）的竞选活动。

然而，病毒式的营销活动远不止于此。在IBelieveInHarveyDent.com上，还有一张被小丑撕毁后拼好的哈维·丹特的照片，上面有让人们输入电子邮件地址的表单；每当有人输入他们的邮箱，网站图片上的一个像素就会被移除，最终显示出希斯·莱杰（Heath Ledger）扮演的小丑。除此之外，宣传活动还让粉丝们通过寻宝游戏来了解新的信息，包括在网站上寻找线索、为哈维·丹特进行宣传、分发传单，在指定的秘密地点碰头，接收录有小丑录音的手机等。

总之，影片的营销活动巧妙地利用了人们天生想要解密的欲望，使他们对电影产生了浓厚的兴趣。

就结果而言，《黑暗骑士》网站的用户占到了互联网用户总数的1.5%，而且

> 在电影上映当天，有关该电影的博客帖子占到了所有在线博客帖子数量的1.3%。
>
> 当然，还有其他因素在起作用，但不管怎样，《黑暗骑士》最终成了一部非常成功的电影。在电影的首映日，上映这部电影的美国影院的数量创下了美国历史之最，该片上映首周就在美国获得了1.55亿美元的票房。

利用好奇心来促进信息加工

好奇心的第二项作用是鼓励人们对信息进行更深层次的加工，从而使他们能够更好地记住信息，增强信息的说服力。

这里的一个关键原则是生成效应（the generation effect），也就是说，较之粗浅地阅读，如果受众能够认真地对信息进行思考，他们就能更好地记住这条信息。多伦多大学的研究人员将被试分成两组：一半的人读到的是以某种方式联系在一起的单词，如押韵或者在语义上存在联系的单词，例如"rapid（迅速）-fast（快速）"；而另一半人看到的则是一个单词以及与之同组的单词的首字母，如"rapid-f___"。之后，被试完成了对匹配单词的识别测试。那些仅仅阅读了单词的人的平均得分为69分，而那些自己想出答案的人的得分则高达85分。

一项研究证实了生成效应的奇妙应用。研究人员向实验被试展示了下列两则广告中的一种：一则使用了披头士的歌曲《漫长蜿蜒的道路》（*The Long and Winding Road*）的伴奏版；另一则使用了演唱版。根据他们之前对这首歌的熟悉程度，被试被分成了两组。第二天，研究人员要求他们尽量回忆与广告有关的一切。

无论被试之前是否熟悉这首歌，听到演唱版之后，被试平均只能回忆起广告中的一句歌词。然而，在对歌曲极其熟悉的听众中，伴奏版的回忆度更高——平均2.1句歌词。因为这群人熟悉歌词，只要听到伴奏，他们就会在脑海中跟着唱，从而强化了记忆。

这让我们对麦当劳的"叭哒哒哒–哒，我就喜欢"的短歌曲产生了一个有趣的认知。起初，广告中播放的是完整的歌曲；然而现在，只剩下了伴奏音乐。言下之意就是，只要听到歌曲声，人们就会在脑海中哼唱，而曲调会让人们条件反射地想起"我就喜欢！"

第三部分 发人深省

这场广告营销——毫不意外地——对销售产生了不可思议的影响。

因此，我们的目标就是利用谜语或谜题促使观众真正在自己的头脑中创造信息——所谓的共同创造（co-creation）。但是如何才能实现呢？

信息中的谜题

一方面，我们当然可以在信息中玩文字游戏。例如，使用问题而不是陈述，可以增加信息的精心设计程度：通过提出一些夸张的问题，而不是仅仅提供信息，可以增强受众对商务演示中的信息的回忆度。这一点十分重要。同样，研究已经证实，仅仅是要求人们对信息进行想象，而不是被动地阅读，就能产生更好的效果。

然而，更微妙的是，我们可以通过隐喻来激发受众的好奇心和共同创造。

隐喻能够为受众呈现一个小谜语，从而发挥作用。隐喻的定义是将一个词或短语（载体）应用到一个实际上并不适用或相关的对象（目标）上，或是将这两者并列在一起。由于两者之间并不存在字面上的联系，它们就为受众提供了一个需要解决的谜题——也就是说，两者之间的联系是什么？正如研究人员所暗示的那样，结果就是针对从载体到目标的属性所进行的语义与评估的映像。

让我们借用《罗密欧与朱丽叶》中的一则著名的隐喻——"朱丽叶就是太阳"。正如图 7-4 所示，很可能，罗密欧并不是在暗示朱丽叶是一个巨大的热等离子球；因此，通过将朱丽叶与不相关的元素并列在一起，就能激起观众的好奇心。朱丽叶怎么可能是太阳呢？洛温斯坦的信息缺口理论告诉我们，受众会寻找这两种事物之间的语义联系，缩小差距。这样一来，太阳的属性就会转移到朱丽叶身上。

在这个例子中，观众最后对于朱丽叶的美丽的理解得到了增强。这显然就是为什么一项元分析回顾发现，总体来看，隐喻与说服力之间的相关达到了 0.07——尽管不高，但意义重大且积极——而且在最佳条件下，这一数字可以提高到 0.42。

图 7-4 朱丽叶与太阳之间的相关性

在广告中激发好奇心的六大模板

以色列研究人员在论文《高质量广告的基本模板》(The fundamental templates of quality ads) 中对 200 则成功的高品质广告进行分析之后发现，其中有 89% 的内容可以归为六个基本模板。这些模板本质上都属于隐喻：它们给出了一些小谜语，谜题解开之后，一件物品的属性就能转移到广告产品上。这六个模板如下。

1. **图形类比**。将产品展示为另一种物品的视觉隐喻，以此将这件物品的属性转移到产品身上。例如，一瓶油也许会出现在玉米壳里，从而将自然与新鲜的概念与产品联系起来。

2. **极端情况**。在这种隐喻中，产品会被置于一种极端情况之下，从而暗示产品具有某种特定的属性。共有三种极端情况：产品拥有极端属性；产品极具价值；或者该产品的替代方式十分极端（例如，搬到北极而不是使用某品牌的安全锁）。

3. **结果**。此类广告通过隐喻来暗示使用或是不使用产品会产生的结果，这样一来，某些属性就可以转移到产品上。一个著名的例子就是，一位 42 岁的管理培训生说："我从未读过《经济学人》。"

4. **竞争**。在此类隐喻广告中，产品与其他事物相竞争，并且取得了胜利，因此两种事物做比较的属性就被转移到了产品身上。例如，在某面包品牌的广告中，孩子枕着一片面包，而不是一个枕头睡觉，从而传达出面包具有松软的属性。

> 5. **改变维度**。在这类广告中，某些维度（如时间或空间）进行了改变，从而突出产品的某些品质。例如，在一则尼古丁戒烟口香糖的广告中，一位老态龙钟的夫人在生日蛋糕前抽烟，而蛋糕上却只插了42根蜡烛。
> 6. **互动实验**。这类广告的隐喻性更弱，但互动性更强，通过由游戏增强的认知处理将属性转移到产品上。

总而言之，我们天生就会去探索所有令人惊讶并能够激发好奇心的事物，使得信息的传播者有机会摆出谜题、做出隐喻，并将它们作为推动人们对信息进行认知处理的工具。

而且，为了使你能够摆脱烦恼：本章开头谜语的答案是"选择"；那些由谷歌所创建的视频可以自动测试YouTube视频的质量。希望在此之前你因为不知道答案而感受到的沮丧，可以让你品尝到好奇心的力量。

练习

保持信息的神秘感

重新撰写下面的三句话，将它们变成有趣的谜语或谜题。在改写后的句子下面，写下你从原句中移除、而人们可以通过解决神秘信息或是跟随它的脚步发现的信息：

60%的青少年承认，晚上他们会躲在被子里玩智能手机；

有消息称，贝拉克·奥巴马和希拉里·克林顿经常在白宫争吵；

出于健康和安全检查的考虑，今天请保持公共午餐区域的整洁。

本章小结

神秘悬疑

你应该：

- ✓ 确保人们对你的信息进行了某种程度的认知处理。否则，它会被人们忘掉，或是缺乏说服力；
- ✓ 在信息中使用谜语和谜题，让人们可以真正思考信息所要传达的内容；
- ✓ 利用神秘感来激发行为（例如，阅读未来的信息）；
- ✓ 利用信息缺口轻松地在受众记忆中创建联结。

你不应该：

- ✗ 使用陈旧或可以预见的信息；
- ✗ 一次就将所有信息展现在受众面前——他们喜欢被"戏弄"；
- ✗ 觉得"谜题"一定得十分明显：隐喻也可以非常有效。

08 #HOOKED
轻松休闲

> "人性最重要的一点就是懒惰。"
>
> 哈丽特·比彻·斯托维（Harriet Beecher Stowe）

请看图 8-1，你觉得它代表了什么？

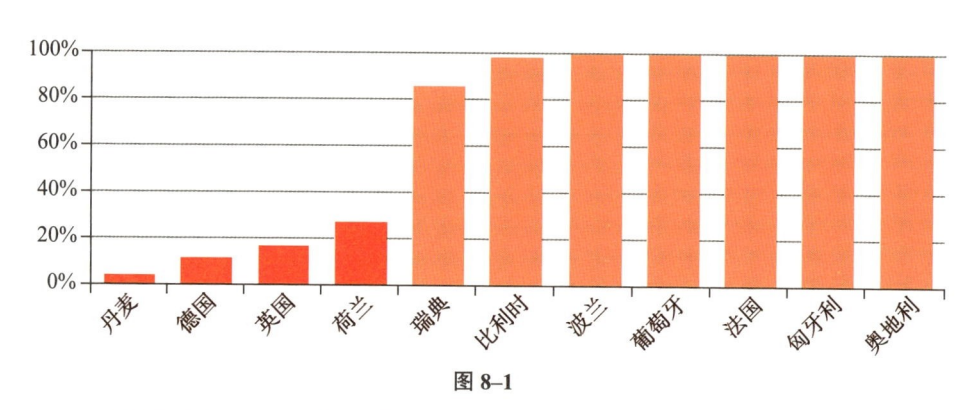

图 8-1

这是器官捐献同意率的数据：左边的国家选择加入，右边的国家选择退出。即便是像器官捐赠这样感人的事情，人们也往往喜欢采用最简单的方式——在此例中，是继续维持原样而不是费力做出决定。

这是一种被称为现状偏见（status quo bias）的认知偏差。从本质上来说，人们倾向于保持原样，因为改变需付出努力。

回忆一下，我们都是认知吝啬鬼——我们的脑力有限，就更不用说体力和时间了，因此没有时间做出选择，并且据此做出相应的行为。其结果就是，我们倾向于避免做出太艰难的决定，而是通常会采取阻力最小的方法。

例如，人们是如此之懒，以至于如果食物放在了他们够不到的地方，他们宁可少吃一些。食物心理学家布莱恩·万辛克（Brian Wansink）在办公室里进行了一项实验。他提供了一盒打开的好时巧克力。研究人员数了秘书们每天吃掉的巧克力的数量。然而，实验当中存在一个意想不到的转折——巧克力盒要么放在秘书的办公桌上，要么放在书桌的抽屉里，要么放在六英尺外的橱柜里。

秘书们平均每天分别吃了九、六和四颗巧克力——巧克力摆放得越远，被吃的数量就越少。

人们确实很懒惰，他们更有可能购买一种容易看到并且随手可取的产品。一项实验将雷克雅未克超市中销售的一种薯片摆放在了高度不同的货架上：将薯片摆放在中间的货架上时，该品牌的市场份额翻了一番；放置在底部和顶部货架上的时候，其销量分别占薯片类产品的 4.0% 和 3.3%；但是摆放在中间货架上时，这一数字达到了 7.5%。另一项研究发现，将某品牌的产品从最难够到的位置摆放至顾客触手可及的地方后，销量平均增加了 60%。

人们都很懒，如果可以在走楼梯与乘扶梯离开地铁站之间选择的话，只有 8% 的人会走楼梯。有趣的是，一项研究测量了人们在不同时间压力下，从一处走路/跑步到另一处的速度——数据显示，人们根据本能所采取的策略与经过电脑计算得出的策略几乎完全一致，两者都可以将能量的消耗降至最低。我们天生就会尽可能地偷懒——或者说实现高效能。

所以说，人们很懒！当涉及创作可以吸引人们注意力的信息时，这个事实具有三层含义。

暗示对受众的影响

第一层含义是，人们很容易受到暗示的影响。换句话说，为了避免努力思考，人们通常会根据暗示来做事。

让我们再来看看那项说明人们更愿意乘扶梯而不是走楼梯的研究。该项研究发现，只要张贴一张"保持健康、节约时间、使用楼梯"的标志，选择走楼梯的人所占的比例就能从 8% 提高到 16%。

一篇论文解释了五美元的干预可以如何借助暗示的力量，帮助一位小企业主显著提高营业额。这五美元是用来购买企业主和员工都可以使用的硬制提示卡的：卡片的目的是提醒店员去询问顾客："您今天想购买（狗骨头玩具）还是别的产品？"在为期 12 个月的实验前基准期里，当店员不提示顾客购买任何产品的时候，

第三部分　发人深省　91

这家商店平均每个月可以售出 6.4 件宠物用品；然而，在所有顾客都得到了这项提示后的四个月里，平均每月销售了 32.3 件产品。从本质上来说，仅仅是告诉客户该做些什么，就使得这位小企业主增加了产品的销量。

从表面上来看，在一家小型宠物店中所进行的这项研究的普遍性值得商榷。然而，一项针对南非信贷市场的大规模研究发现，这项原则是正确的。该研究涉及了发薪日贷款直邮广告所覆盖的五万多名受众。其中一部分受众收到的信中特别提到了贷款的用途。这项暗示对贷款的使用产生了影响。例如，在那些报告说自己用贷款偿还了其他债务的客户中，收到贷款用途信件的人比没有收到的人多出了 3.6%。

当然，暗示的力量在网络上也非常普遍——电子产品的点击量在很大程度上受到了消费者所收到的推荐的影响。

最后，通过暗示，受众更有可能吸收你希望他们吸收的信息，从而使信息变得更加有效。

信息越简单越有效

我们都很懒惰带来的第二条启示就是，如果你希望自己的信息能够获得成功，就应该保证信息内容简单——受众没有足够的动力与资源去消化冗长且复杂的信息。

请记住——如果某件事太难的话，人们往往就会懒得去做。例如，顶尖行为科学家席娜·艾扬格（Sheena Iyengar）和同事研究了美国的养老金计划，具体来说，增加更多基金选择（例如，由银行、保险公司和投资者提供的基金）能否增加参与人数？事实上，答案是不会；艾扬格发现，随着基金选择数量的增多，参与率反而有所下降；显然，这是因为这些选择使养老金计划变得更加复杂。在所有其他因素均不变的情况下，增加 10 种基金会导致参与率出现 1.5% 至 2.0% 的降幅；在只提供了两种基金的情况下，参与率是 75%；而在提供了最多选项——59 种基金的情况下，参与率仅为 60%。

信息越简单越有效。例如，上述南非发薪日贷款研究也测试了信函的简单程度对贷款申请率的影响。具体来说，这些信函要么通过一个复杂的大表格展现了各种贷款金额、期限和利率的组合，要么只在一个简单的小表格中列出一种贷款的金额、期限和利率的例子。

与相对复杂的表格相比，简单表格可以使贷款申请率增加 0.6%，这相当于将利率降低了 2.3%。

此外，过多的选择或信息不仅会令受众失去兴趣，而且信息越长，受众就越难以正确理解，也越不容易记住，信息的说服力也会被削减。

从本质上讲，人们通常不会阅读附属细则。美国联邦储备委员会在华盛顿进行的一项研究发现，多数借贷者并不清楚他们所签署的抵押贷款合同的细节，因而会低估或是并不知道他们的利率可能会发生何种程度的变化。

让我们再来看看蒂莫西·威尔逊的估计，在 1100 万比特的感觉信息中，只有 40 比特是在有意识的状态下处理的。显然，信息中所包含的内容越多，关键点被注意到的可能性就越低。

刊登在《广告杂志》上的一篇论文描述了一个公司是如何为同一个品牌选择两个广告的——一个复杂度低，一个复杂度高——方法是为 88 个电视广告编写脚本，并对它们进行可读性的计算机测试。研究人员要求 81 名学生被试阅读一份包含五个广告脚本的小册子；每位被试的小册子中随机包含了目标品牌的低复杂度或高复杂度广告。完成了一项干扰任务之后，研究人员询问被试，他们有没有读到过一则意大利面酱的广告，如果有的话，是哪个品牌的广告；然后请他们尽可能多地回忆广告中脚本的元素。当广告的复杂度很高时，75% 的被试回忆起了品牌的名称，并且平均回忆起了 1.43 个脚本元素；然而，在阅读了低复杂度脚本的被试中，95% 的人回忆起了品牌的名称，平均回忆起的脚本元素为 2.59 个。

所以，越简单越好。

除了简短、简单之外，还应确保重要的信息能够很容易地被人们注意到：不要让受众难以理解你的信息。

例如，在网络上进行交流时，最重要的信息不应被折叠（也就是说，用户不需要向下滚动查看）。一项针对浏览行为的用户体验研究发现，用户 80% 的时间都在浏览未被折叠的信息。同样，无论是线上还是线下，人们都倾向于从左上角向右下角阅读，因此最重要的信息应该放在最左边，人们的注意力会被最先吸引到那里。信息应避开所谓的"死亡之角"，即右下角。

信息越具体越好

与简单性相似，人类固有的懒惰性带给我们的第三条也是最后一条暗示就是，信息应该具体而非抽象。

举个例子，想一想下面这个定义所描述的词：

名词。对于存在、知识或行为的真理与原则的理性调查。

再试试这个：

名词。人躺在上面睡觉的家具。

这两条分别是哲学与床的定义。第二个词可能更容易猜出来。这显然是因为床是一个具体的概念，而哲学则是抽象的。具体的词汇拥有明确的定义，以及容易理解的熟悉的含义。而抽象词语对我们来说，并不具备多大意义。

具体性可以增强记忆程度与说服力，因为它可以使认知处理变得更加容易：具体的概念可以得到更加有效的检索和处理，而抽象的概念则更符合逻辑，情感度更低，检索和处理速度更慢。有证据表明，抽象词汇与大脑中的语言过程有关，而具体词汇则更多地涉及非语言的语义过程，尽管它们也能激活语言过程。简单地说，具体的刺激更有效，因为它们调动的是"猴脑"。

如图 8-2 和图 8-3 所示，将所有内容综合在一起，具体信息可以在记忆中形成快速、强大的联结，而抽象信息形成的联结则缓慢且较弱。

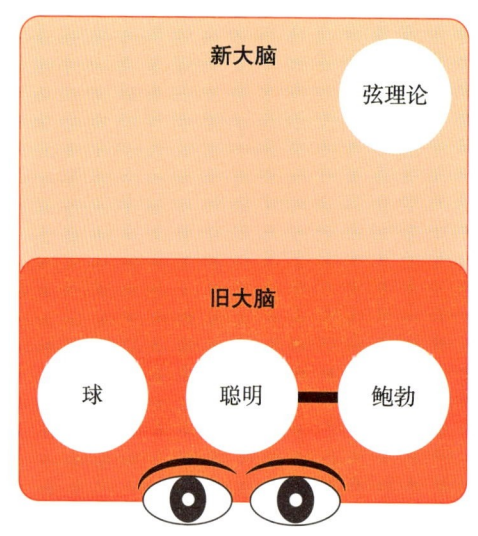

图 8-2　具体信息："鲍勃很聪明"

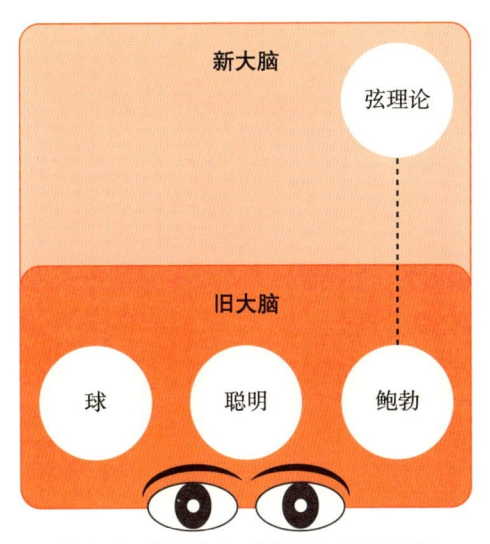

图 8-3　抽象信息:"鲍勃喜欢弦理论"

为了支持这一论点,马萨诸塞州的研究人员进行了一项实验,要求被试通过按下一个按钮来表明屏幕上的每个句子的正误。例如,"字母 X 出现在了单词'敏捷(dexterity)'中",而他们的反应时间将被记录下来。每个句子中的目标词语,如本句中的"敏捷"一词,要么是具体事物(如"自行车"),要么是抽象事物(如"诚实")。人们对具体词汇的反应时间比抽象词汇快得多。

同样,在另一项实验中,研究人员为被试朗读了一组单词,随后请他们尽可能多地回忆起每组单词。平均而言,被试回忆起了 20% 的抽象词汇和 32% 的具体词汇。

让我们来试一下,下面两块促销展示牌中,你觉得哪个更有效?

| 抓紧时间进行财务交易! | 立即购买! |

纸尿裤品牌帮宝适为我们提供了一个真实的例子。多年来,帮宝适一直在与联合国儿童基金会合作,利用一部分销售利润来帮助世界各地需要帮助的儿童,其中包括为婴儿接种破伤风疫苗。在一些市场上,产品外包装上印着的标语是

"1包纸尿裤将有助于消灭全球新生儿破伤风"。然而,在其他市场中,一个更成功的口号是"1包=1支疫苗"。帮宝适公司认为,这条具体的广告语是它们投资回报最高的项目之一。这项活动所提供的疫苗帮助了全球超过一亿的婴儿。

然而,尽管具体的词语比抽象的词语更可取,效果最好的依然是图片。例如,大量研究(可以追溯到一个世纪之前)证明了图片优势效应(the picture superiority effect)的存在,即图像远比文字更容易被记住。一项研究向被试展示了分属三种不同类别的612项刺激,每个刺激展示6秒,然后请他们参加了识别测试:被试辨认出了88%的句子和90%的单词,但是他们辨认出了98%的图像。同样,研究也表明,人们识别图像的速度(通过对大脑活动或行为反应时间进行测量)要比识别单词快得多。

心理学家认为,这是因为图像是由大脑中无意识的自动系统负责处理的,而文字则需要进行更有意识、更慎重的思考。

说得直白一些,尽管可能早在几百万年前,语言就已经成为了人类的一种特征,但是用眼睛视物的能力却从远古时代起就伴随着我们。因此,图片比沟通工具更有效,也就不足为奇了。

最后,十分重要的一点是,如果使用了图像,信息就能更好地被理解并被记住。一项元分析研究发现,在指令中添加图片能够使人们对语言信息的回忆增加40%。此外,其他研究发现,当问题以图片而非语言形式呈现时,人们解决问题的用时最短——将图像与文本结合在一起并不能使解决问题的速度超过纯图像的呈现方式。

也许,应该将最成功的信息中的文本替换为图像——至少,用图像为文本提供补充。然而,最后一个关键就是图像越具体,也就是越简单且能够使人立即明白它的意思,就越有效。

具体性的最后一个应用与一句古老的格言有关:"一个人的死亡是一场悲剧;千百万人的死亡只是一个统计数字。"

数字,尤其是大数字,是以一种抽象的、独立的方式进行认知加工的,因此,与更为具体的概念相比,它对行为的影响更小。研究表明,如果信息的呈现方式可以促进形成具体的心理表象,那么与以独立、抽象的方式呈现的信息比较起来,人们的情绪反应就会更加强烈。可识别受害者效应(the identifiable victim effect)指的是,如果捐款呼吁凸显了一位受害人,而不是身边的大规模问题,那么人们的捐款数额就会大幅增加。同样,如果以日常开支的形式进行重新定义,捐赠额也会增加，例如，将重复捐赠的金额与人们每周消费的咖啡的数量进行比较。

因此，如果将一个较大的数字表示为，比方说，它大到能填满游泳池，效果会更好！

总的来说，通过暗示的力量，通过保持事情简短和简单，通过使用图像和具体的词汇来表达观点，可以使信息更容易处理，从而使其更具黏性。

练习

具体实践

用更具体的方式展现下列数据：

估计有 1000 万英国人患有抑郁症。

使用更加具体的方式重写下面这句话：

随后实施的量化宽松政策将止住最近出现的人们的信心下滑的现象。

简化或者缩短下面这句话：

布拉德·皮特和安吉丽娜·朱莉计划搬出汉普斯特荒野。

本章小结

轻松休闲

你应该：

- ✓ 无论你希望受众做什么，只要通过暗示鼓励他们去做就行了；
- ✓ 保持信息简短、简单——信息越长，人们阅读信息的可能性就越小，能够记住的内容也越少；
- ✓ 使用具体性（短单词而不是长单词，图片而不是文字）调动情绪化的大脑。

你不应该：

- ✗ 低估人们的懒惰程度。

2005年4月的某个周六，一群闹哄哄的观众聚集在柬埔寨磅清扬市的一家大型体育馆中，为一场古怪的格斗摇旗呐喊。这场格斗经大肆炒作之后，比赛门票早在开赛三周前便已售罄。尽管观众十分尽兴，但是比赛的结果却令人唏嘘不已。短短28分钟内，这场格斗造成12名侏儒死亡，14人重伤，一些人甚至出现了骨折与断肢的情况。

柬埔寨侏儒格斗联盟主席杨·西哈莫尼（Yang Sihamoni）曾号称，他的42位侏儒格斗士能够战胜一只成年非洲狮。但是事实证明，他的话并不靠谱。

联盟提出的侏儒能够"打倒一切：人类、野兽或机器"的口号惹怒了一位格斗迷，于是愤怒的他向西哈莫尼提出了人狮大战的要求。西哈莫尼一手安排了这场比赛，并且随后宣称，由于在数量上，侏儒与非洲狮的比例是42∶1，他们能够"在智慧与力量上均战胜非洲狮"。

政府批准联盟为此专门空运一只非洲狮到磅清扬，不过附加条件是对门票收入征收50%的税，而且禁止任何人携带任何摄像器材进入体育馆。

这是多么轰动的一则新闻！也许你已经预料到了，消息迅速流传开来，甚至登上了《纽约邮报》（*New York Post*）等刊物。

唯一的问题是：这是一则假新闻。两位朋友就一群侏儒能否合力打败一头狮子这个话题进行了激烈的讨论；其中一人伪造了一个极为逼真的英国广播公司新闻网页，接下来的事情大家都已经知晓了。

这则人兽大战的故事就是一个很好的例子——借用马克·吐温的话——它告诉我们，通常，不要让真相妨碍你讲述一个优秀的故事。

现已发现的许多学术论文均阐明了叙事新闻的盛行及其所具备的力量。例如，学者们已经证明美国媒体在将毫无意义的"9·11"事件转变为一场有关应变能力、进步与英雄主义的叙事，从而引导全美人民理解究竟发生了什么，并在引发全民哀悼的过程中发挥了重要作用。

在实验过程中，莱比锡大学的研究人员请一组被试观看了一段含有九则新闻故事的电视新闻节目剪辑，其中一则与杜塞尔多夫的大气污染有关。为对照组所播放的视频片段实事求是地呈现出了这条信息；然而，实验组所观看的视频则明确讲述了一位因为大气污染而患病的主角下决心减少污染，通过向环保局抗议的方式来采取行动并最终实现目标的过程。观看新闻之后，被试就自己所见到的内容回答了相关的问题。当新闻以故事的形式呈现在观众面前时，人们对于它的理解度与记忆度都显著提高了。

故事的力量

事实上，通过故事来呈现的信息更具影响力；它能够捕获读者的想象力，带来强烈的反应，甚至引发社会变革。事实上，有无数的例子表明故事能够凝聚人心，激励行动：疲惫的罗莎·帕克斯（Rosa Parks）拒绝在公共汽车上让座；托德·比默（Todd Beamer）与93号航班上的其他乘客一道反抗劫机者。社会学教授弗兰切斯卡·波莱塔（Francesca Polletta）在论文《抗争的故事：叙事已成为一种社会运动》（Contending stories: narratives as social movements）中解释了故事如何为群体提供统一的身份与目的，并且成为集体行为的强大动力。

难怪故事能够成为一种如此关键的社会力量：故事将我们定义为一类物种——社会人类学家瓦尔特·R. 费希尔称之为"叙事人"，因为叙事是人类最古老并且使用最为广泛的沟通形式之一。数万年前，澳大利亚土著居民在洞穴中刻下了壁画故事；当今，娱乐与媒体支出占据了全球GDP的2.3%——1.6万亿美元。在这段历程中，故事是构成我们身份的主要组成部分。简单来说，我们通过故事来了解自己与周围的世界。我们借助它们赋予世界意义，界定我们各自在世界中的位置。

而且，由于故事深深植根于我们的灵魂之中，它们是非常有效的交流工具。事实上，大量研究表明，故事可以使信息更令人难忘、更具说服力。

美国推行的"文学改变生活运动"就是故事具有惊人力量的一个例子。这项运动给予犯人阅读、探索并且相互讨论故事的机会，认为故事能够带来可持续一生的变化。该项目的联席主任罗伯特·沃克斯勒（Robert Waxler）解释了故事可以促使读者形成新的世界观，改变行为的方式。例如，海明威在《老人与海》中所描写的老人与鱼之间的斗争使一名囚犯产生了共鸣，并且给予了他抵制毒瘾的力量。最近的一项研究将600名阅读了文学作品的缓刑者与未参与该项计划的600名缓刑者进行了比较，以此研究文学对他们所产生的影响；研究人员计算了他们在实验前后18个月内被捕的次数。在这段时间里，对照组的犯罪行为减少了26%，而阅读故事的缓刑者则下降了60%，更重要的是，与对照组相比，他们所犯的罪行的严重程度也有所降低。

就创作黏性信息而言，可以证明叙事说服力（即以故事的形式来呈现信息可以使其更具说服力）力量强大的证据有很多。例如，一项研究惊人地发现，只要将"巧克力可以减肥"这类句子揉进故事之中，就能说服人们相信此类虚假的陈述；同样，另一项研究发现，在观看了以器官捐赠为主题的电视节目之后，人们更有可能成为器官捐献者。彼得·古伯（Peter Guber）在《讲述铸就成功》（*Tell to Win*）一书中使用了特洛伊木马的比喻：故事之所以具有说服力，是因为听众很容易接受一个有趣的故事，因而会在不知不觉间吸收叙述者巧妙隐藏在其间的信息。

在一项大规模的实验中，千余名学生阅读了15条旨在说服他们相信从能力倾向测试的效度到女性所使用的化妆品的效果等各种内容的信息。对于每条信息，被试通过表明他们同意作者的观点，如"我同意作者的结论"，来评估其说服力。然而，对于每条信息，每位被试都被随机分配到以下四种情况中的一种：(1)含有统计信息（如，"50%吸食可卡因药丸的人都已经辍学"）；(2)含有叙事信息（如，"吸食可卡因药丸前，琼一直是一名优等生"）；(3)结合了统计与叙事的信息；(4)不含任何类型的信息。有关各组别说服力的评分差别很大。如图9–1所示，以叙事的形式呈现的统计信息更为有效。

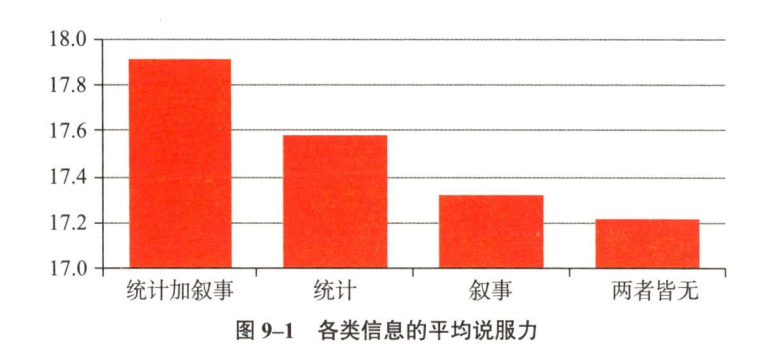

图 9–1 各类信息的平均说服力

故事不仅可以增强说服力，而且能够使信息更加令人难忘。

标准的故事结构包括背景介绍、开头、努力实现目标的人物以及最终结果。研究表明，当结果作为一个故事的高潮呈现时，人们对它的记忆比仅仅作为信息呈现时要好。

在一篇论文中，实验被试们阅读了一则关于一个老农民养了一头倔驴的故事。事实上，一些人阅读的是故事，而另一些人读到的则是以非故事的形式呈现的相同的信息——只不过是极其松散的细节。当被要求逐字写下这段话的时候，阅读了由信息所堆砌而成的文章的人只回忆起了 45% 的内容，而阅读故事的人则回忆起了 84% 的内容。

因此，故事的效果很好。可这是为什么呢？

首先，故事往往更容易被注意到，也更容易被记住，因为它们使用了我们已经提到过的许多原则——如情感、惊讶与好奇。例如，请回想一下《创意黏力学》(Made to Stick) 的合著者奇普·希思 (Chip Heath) 的发现，令人厌恶的都市传说更容易得到传播；而在惊讶与好奇方面，一项伟大的实验用谷歌搜索结果的数量来衡量格林兄弟童话的成功程度，结果发现，如果故事中包含了会说话的镜子或是活生生的姜饼小人等违反直觉的元素，那故事就更容易获得成功。

然而，事情并没有这么简单：故事中还存在能够促进认知加工的特定属性。故事之所以能够令信息具有黏性主要有以下三个原因。

移情

当你听到一个故事时，你的大脑里正在发生一件令人惊奇的事情。

为了理解这一点，我们首先需要回到 19 世纪 80 年代。当时，意大利神经生理学家贾科莫·里佐拉蒂 (Giacomo Rizzolatti) 及其同事进行了一系列至今依旧极具影响力的实验——尽管当时他们并未意识到这一点。里佐拉蒂等人在猕猴的大脑中植入电极，用以记录猕猴拿起食物时的神经元活动。不过他们得到了一些惊人的发现：即便不是自己拿起食物——当猕猴看到研究人员拿起食物时——它们大脑中的神经元同样也会被触发。

这是对一个令人兴奋且具有开创性的领域——镜像神经元的首次研究。从本质上来说，当我们看到别人正在做某件事时，我们自己也在某种程度上经历了这件事；如果你看到有人被扇了一记耳光，那在你的脑海里，你也被人打了耳光。

第三部分 发人深省

重要的是，人们在阅读故事时也会发生同样的事情。一项研究在对86份脑成像图进行元分析之后发现，作为社交移情基础的认知过程也能够被叙事所激活：当我们在故事中读到有人挨了一巴掌的时候，我们自己也会产生这种感受。有趣的是，研究表明，阅读量越大，人们就越善于理解他人的情绪，也就是说，更能感同身受。

华盛顿大学的研究人员请28名实验被试躺在机能性磁共振成像仪上阅读一则有关小男孩雷蒙德的故事。故事中的每一个从句都根据是否存在时间（如"当……的时候"）、空间（如"……回到她的桌子前"）与对象（如"……的英语作业本"）等维度进行了分类。有趣的是，阅读从句的时候，被试大脑中与特定维度相关的区域就会被激活。例如，在阅读到与物体有关的句子时，大脑中与手部运动相关的区域就会被激活；而在读到主角的目标时，前额叶区域被激活，该区域负责排序以及构建日常活动。

事实上，研究表明，叙事信息的说服力会受到移情（即将自己想象成故事主角）与情绪加工的调节作用。换句话说，故事之所以能够给人留下深刻印象，是因为它们能够充分激起人们的情感；能够令你感受并亲身体验这些信息，而非仅仅对其进行思考。

流行文化喜剧网站Cracked对此做出了有趣的解释。史上票房最高的电影都具有一些共性：它们都是以超级英雄或木偶人为主角的动画片。通过中性面具（the neutral mask）的使用，不论是《阿凡达》（*Avatar*）中通过CGI技术绘制出来的平淡无奇的纳美人、《复仇者联盟》（*The Avengers*）中的蒙面英雄，还是《黑客帝国》（*The Matrix*）中面无表情的基努·里维斯（Keanu Reeves），都能够让观众更好地将自己想象成影片的主角。一个简单、中性的面孔可以让观众把自己代入进来——正如研究所表明的那样，这一点对于叙事的成功而言至关重要。

总而言之，故事能够如此有效的第一个原因就是移情——故事可以让你的观众体验故事情节，感受信息，而不是只在一个抽象的层面上对其进行思考。当别人阅读你列在PowerPoint上的要点时，他们的理性大脑会对这些信息进行分析，但是如果摆在他们面前的是故事，他们就会去亲身体验。

熟悉度

让我们在一群出生不久的小鹅身上做一场实验：如果在它们头顶移动一张鹰

形的剪纸，做出一副老鹰正在上空盘旋的样子，它们就会开始本能地唧唧叫，伏下身，四处寻找藏身之所。但是，如果剪纸的形状不对，或是它正在向后而非向前移动，小鹅们就不会出现这种反应。尽管这些小鹅从未见过真正的老鹰，但是这种或战或逃的本能反应依然会出现，而且在某些情况下，由于迁徙或大陆迁移，一些鹅的种类已经好几代没有见过老鹰了。

沿着正确的方向移动的鹰形状的剪纸是引发鹅做出特定、固有反应的关键。

同样，我们人类也会对特定的刺激做出固有的、习得的反应。也就是说，在一定程度上，我们对这个世界有共同的理解；我们都使用相同的思维导图。正因如此，故事会使信息更易于消化，它们可以"拦截"现有的记忆结构，以便将普遍理解的意义转移到信息上。

例如，假设你想传达一则信息，即人们应该谨慎驾驶摩托车，因为虽然摩托车很炫酷，但是它们也可能会造成致命的危险——男人们需要警惕，不要被诱入危险的境地。重新传达这个信息可能很难，而且也很难理解；但如果你在叙述中将摩托车比作美杜莎，关于后者的联想就会立刻转移到前者身上。

举个例子，想想这样的观点：人类历史上的所有故事都可以归入表 9–1 所罗列出的七类基本情节之中。这些故事都是我们集体意识的一部分，并且可以用来唤起共识，将它们转移到某条信息上。

表 9–1　　　　　　　　　　故事的七类基本情节

战胜怪兽	白手起家	冒险历程	远行与归程
主角下决心战胜对他的生活方式造成威胁的怪兽或反面人物（如《复仇者联盟》）	贫穷的主角积累了巨大的财富，随后又失去了这笔财富。经过一番顿悟之后，他又赢回了财富[如《灰姑娘》（Cinderella）]	主角与同伴踏上了史诗般的冒险之旅，途中经历了众多考验[如《海底总动员》（Finding Nemo）]	主角开始远行，归来之后成了一个成熟的人[如《霍比特人》（The Hobbit）]
喜剧	**悲剧**	**重生**	
幽默的主角克服逆境，最后皆大欢喜[如《憨豆先生》（Mr. Bean）]	恶棍主角误入歧途——最后他们或是死亡或是失败，结局圆满[如《绝命毒师》（Breaking Bad）]	在道德上模棱两可的主角在叙事过程中完成了自我救赎[如《圣诞颂歌》（Christmas Carol）]	

同样，小说《英雄与歹徒》（The Hero and the Outlaw）的作者指出，小说中存在 12 种原型，如看护者、弄臣与情人。同样，这些共识也可以通过叙事被拦截，

第三部分　发人深省　103

从而使信息的含义更容易理解——就《英雄与歹徒》而言，这些意义可以转移到品牌上，如表9–2所示。

表 9–2　　　　　　　　　　　　小说中的 12 种原型

纯真的人	探险家	圣徒	英雄
如，Innocent	如，路虎	如，《经济学人》	如，耐克
亡命之徒	魔术师	和气的人	情人
如，司木露	如，苹果	如，乐购	如，和路雪梦龙
弄臣	看护者	创造者	统治者
如，本杰瑞	如，亨氏	如，乐高	如，宝马

作为这条原则的例子，范德堡大学的研究人员请实验被试观看了一则以梗概或故事的形式呈现的广告，随后用"我能与 X 品牌产生共鸣"等题目来衡量被试与品牌之间的联系。数据显示，叙事型广告所建立的观众与品牌之间的联系明显更紧密。作者指出，这显然是因为"当消费者试图将传入的叙事性信息映射到记忆中的故事上的时候，叙事性处理可能会在品牌和自我之间创建一种联系"。

综上所述，故事能够大幅增加信息黏度的第二个原因就是，它们借用了现有的记忆结构，使信息的含义能够更容易、更迅速、更普遍地被理解。通过将信息的内容与已经存在于记忆网络中的内容相挂钩，故事可以将信息的意义植入人们的脑海中。

意义

在 1944 年发表的一项具有里程碑意义的研究中，一组大学生观看了一部短片。片中两个三角形和一个圆形以抽象的方式在屏幕上移动，学生们需要描述他们认为发生了什么事。

除了一名学生之外，几乎所有学生都描述了一个故事——人们在着手实现目标。其中一名学生解释说，两个三角形代表为争夺女性而斗争的男性，而圆形代表的女性正试图逃跑。

这个实验表明，故事反映了我们理解世界的方式：我们会根据因果关系来对事件做出解释。这说明了故事能使信息更具黏性的第三个也是最后一个原因——通过在各部分之间建立语义联结，使信息更容易理解。

"助记联结系统"（mnemonic link system）是这样一项技术——通过故事的形式把一组词语的语义关联起来，使词语列表更容易记忆。例如，如果把"老鼠、椅子、太阳、公共汽车"这组词变成一段叙事："正午的阳光下，老鼠坐在椅子上等公共汽车"，就更容易记住它们。

在一项实验中，被试被要求按顺序记住六个单词。当这些词属于同一类别的时候，他们能够记住 64% 的单词（如苹果、香蕉、葡萄），如果不属于同一类别，则可以记住 60%。同样地，当这些词相互关联的时候（如蜂蜜、糖、酸），他们可以回忆起 69% 的单词，而如果没有关联就只能回忆起 59%。当毫无关联的刺激进行了有意义的联结之后，它们就更容易被记住。

这个原则的一个绝妙的例子来自薛晓岚开发的新的汉语学习系统——中文易（Chineasy）。如图 9–2 所示，该系统将象形的汉字与表示其含义的图片结合在了一起，从而使学习中文变得更为简单。该系统赋予了不熟悉的汉字语义，使人们更容易学习。

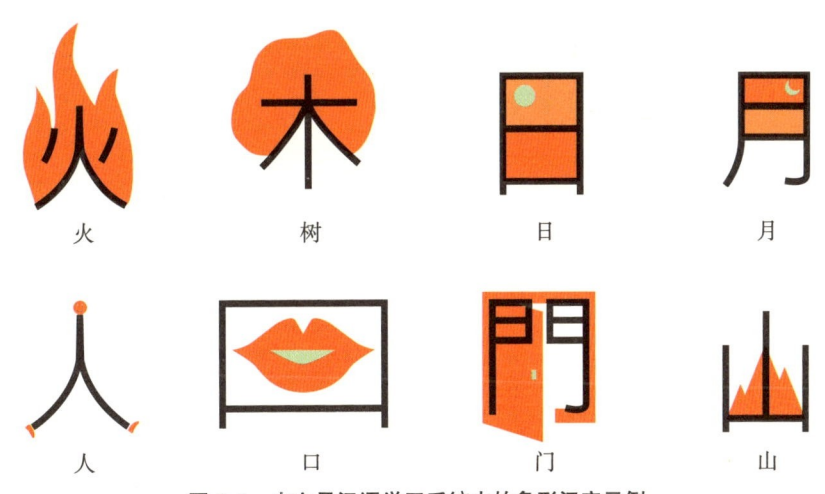

图 9–2　中文易汉语学习系统中的象形汉字示例

同样，研究表明，如果一组刺激之间存在因果关系，它们就更容易被记住。在一项实验中，被试阅读了 32 组句子，随后，实验人员向他们展示每组中的一句，要求他们回忆起另外一句。每组句子之间的因果关系的强弱程度各不相同。前期研究证明了这一点：例如，因果关系最弱的是"凯西已经开始了一个新项目"与"昏迷不醒的她被送进了医院"。而因果关系最强的则是将前一句换成了"凯西觉得头晕,并且在工作的时候晕倒了"。被试对因果关系最强的一组的回忆率比对最弱的一组高出10%左右。

另一项研究则进一步将该原则应用到了实际的叙事中。被试阅读了一个关于海盗的故事,故事中的海盗在一座岛屿上寻找宝藏;里面出现了有关自然界的断言(比如"迎风面的浆果丛最密"),并被插入或是有因果关系的地方——这些所谓的事实对情节的发生有影响,或是没有因果关系的地方——这些事实虽然出现了,但是没有对故事产生进一步的影响。

之后,被试完成了线索回忆测试——例如,完成短语"浆果丛……",然后根据他们感知到的真实性给每个断言评分,满分7分。我们在图9-3中可以看到,与故事有因果联系的断言能更好地被记住,也更容易被相信;作者认为这是因为它们更深入地融入了现有的记忆结构中。

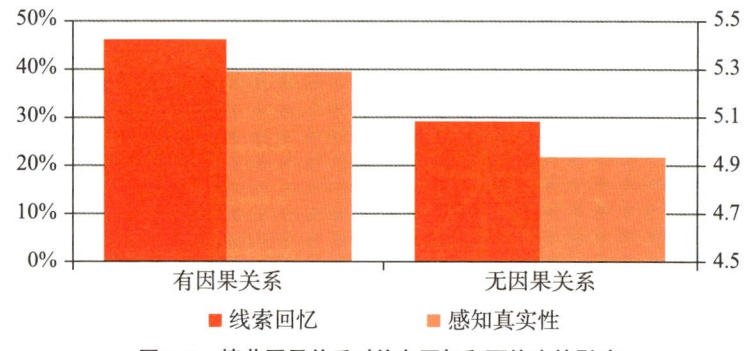

图9-3 情节因果关系对信息回忆和可信度的影响

综上所述,故事之所以如此有效的最终原因是,它们使信息变得有意义:通过在信息的不同部分之间建立联结,使信息变得更容易处理、理解和记忆。

因此,总的来说,叙事十分有效,因为它能让观众亲身体验信息,以及通过拦截现有的记忆结构,并在不同元素之间提供有意义的联结,使处理变得更容易。

至于叙事在商业中的力量,在最近一份对超级碗广告的分析中得到了充分的证明。叙事的五行为模式认为,有效的故事包括五个部分:(1)介绍说明;(2)主角的情况变得复杂;(3)冲突发展到高潮;(4)由高潮而产生的逆转;(5)最后的结局或决心。三位专家评委根据广告中包含了这五种叙事行为中的多少种,对2010年和2011年超级碗比赛过程中播放的广告进行了评价;消费者对广告的反应是通过 Spot Bowl.com 来测量的，每年有超过三万人对这些广告进行了 1~5 分的评分。

没有完整的五种行为结构的广告的平均评分为 2.4，而完整广告的平均得分为 3.4 分。

《广告周刊》（Adweek）报道，2014 年第一季度最有效的广告是一个超级碗广告——具体来说，是百威啤酒的"初恋"。广告讲述了一个暖心的故事：一只拉布拉多犬与自家农场里的马成了朋友，当有人来领养这只小狗时，马恶狠狠地拦住了他的去路，最后马和小狗成功地回到农场，受到主人的拥抱和亲吻的故事。

故事听起来也许有些矫揉造作，但请记住——广告效果很好。不管怎样，在信息中增添叙事都能够使它变得更加有效。

练习

讲述故事

你希望通过讲故事来吸引并且说服听众多骑自行车，少开车。创造一个故事，首先构思出以下各部分的内容，然后把它们串联成一个故事：

1. 铺垫；
2. 角色；
3. 角色的目标；
4. 角色出发去实现目标；
5. 冲突和张力；
6. 高潮，解决紧张局面；
7. 结局。

本章小结

讲述故事

你应该：

- ✓ 认识到自古以来，人类一直在利用故事来理解和分享信息；
- ✓ 用故事这个"特洛伊木马"来为观众提供信息；
- ✓ 利用叙事轻松地在记忆中形成联系并且轻松传达信息的预期意图；
- ✓ 利用现有的情节和原型，使理解信息变得非常直观。

你不应该：

- ✗ 以牺牲事实为代价来关注故事的重要性；
- ✗ 忘记叙事所需的每一项元素——即开头、角色、目标、实现目标的努力、戏剧张力和解决办法。

第四部分

促人行动

到目前为止，我们已经讨论了如何吸引人们的注意力，从而使他们注意到一则信息，以及如何通过认知加工使他们吸收这些信息。但是这样的信息应该是怎样的呢？

重要的是，信息的组织方式可能会强有力地影响其对受众的影响力。

举个例子，在20世纪60年代，一则关于缓解胃灼热与消化不良症状的药片——阿卡塞泽（Alka Seltzer）的广告，成功通过一条极其巧妙的信息显著提升了产品的销量——尽管销售额未能翻番，但是也相差无几了。它是怎样做到的呢？该品牌推出了"扑通、扑通、嘶嘶、嘶嘶"的广告语，同时还在产品的外包装与广告上印上了两片药在水中嘶嘶冒泡的图片，巧妙地暗示人们需要这两片药（其实，只要一片就足够了）。这条广告语对产品的销售产生了巨大的影响。

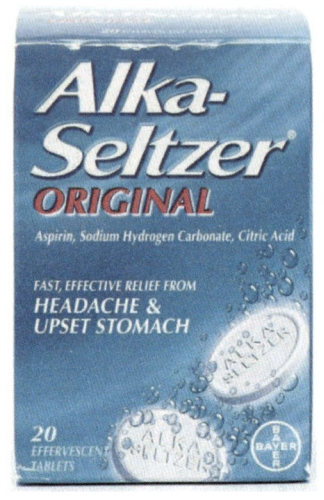

信息通过两种方式对行为产生影响：一种是如上面的例子那样通过启发式或"助推"；另一种则是通过启动效应，从本质上说，就是将想法植入人们的大脑之中。

不过在此之前，首先要记住，一个人收到信息的时间与信息真正发挥作用的时间之间存在明显的时间差。比如说，你读到一条英国癌症研究中心发的推文，建议你下次和朋友出去玩的时候不要喝酒，但是直到下个周末你才有机会与他们聚会。而到那时，你也许已经忘得一干二净了。

事实上，广告研究已经发现了一种被称为"广告停留期恒比（advertising adstock）"的东西，即广告的"半衰期"——也就是说，人们对广告的意识或回忆减少一半的时间。虽然不同广告之间存在差异，但是一般认为"半衰期"在两到五周之间。这就意味着，如果60%的人在广告播出后立即注意到了它，那么几周后这一人数会减少到30%。

这个数字是为广告设计的，通常是为了让人感动和难忘！对于典型的办公邮件、Facebook上的更新或公司宣传，记忆的半衰期也许远不到两周。我甚至能想象得到，还没等一些演讲者完成他们的PPT演示，我就已经将它们抛到九霄云外了……

回顾早期针对记忆衰退的研究之后，可以得到下面的图Ⅳ-1，该图显示了随着时间的流逝，记忆的状态——对于不如广告吸引人的东西而言，记忆的"半衰期"似乎远达不到几周，与此相对的是，内容非常吸引人的东西（比如诗歌），其"半衰期"则要长得多。

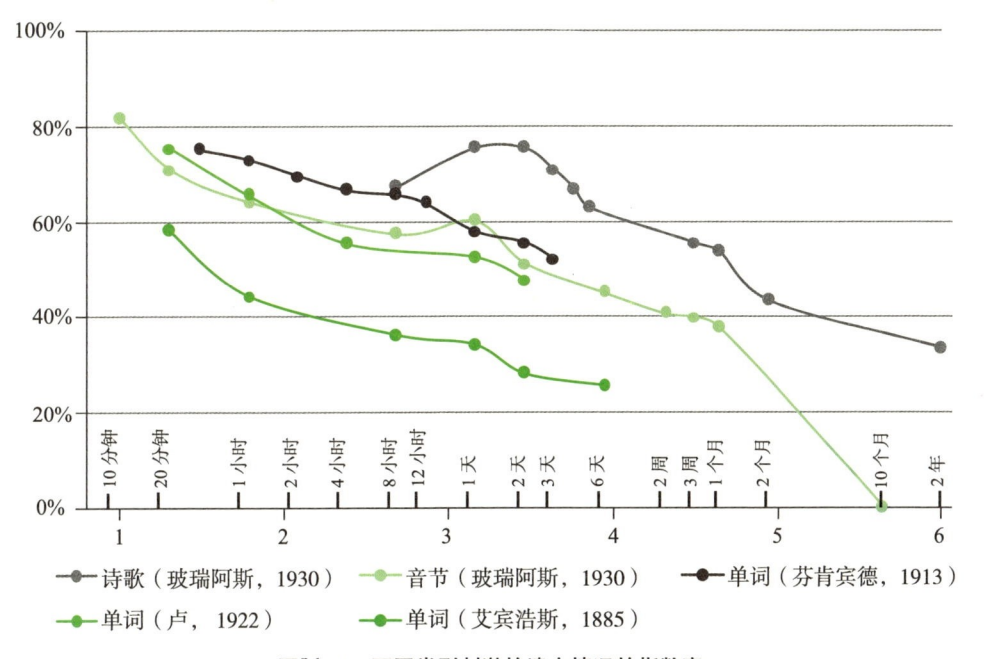

图Ⅳ-1 不同类型刺激的遗忘情况的指数率

因此，研究表明信息的记忆性与行为的有效性之间存在正相关，也就不足为奇了。不论信息发出的"助推"多么有力，都只有在被记住之后才能发挥作用。

因此，确保信息能够对行为产生影响的第一种方法就是确保它能被记住。

第四部分 促人行动

说得简单一些，世界上每天都会发生很多事情，但是只有极少数事情能够被多数人记住。例如，每个人都能回忆起，肯尼迪遇刺或是世贸中心倒塌时自己身处何处——老话就是这样说的。

为什么有些事情更加令人难忘？更重要的是，这很重要吗？

首先，记忆性的确很重要。正如之前所讨论的那样，如果想让信息在一段时间后产生预期的效果，那它就必须被人记住；然而，不仅如此，一条信息在意识中越凸显，就越有可能对行为产生影响。

研究人员通过一项实验证明了这一点：被试被要求浏览20幅图片，并对它们进行评分；他们完全没有意识到，其中的一些图片被巧妙地嵌入了一瓶达萨尼纯净水。图片任务完成后，被试需要从四个品牌中选择自己想要购买的瓶装水。如图10-1所示，仅仅是将想法植入人们脑海前部，就足以促使他们做出对自己有利的行为。

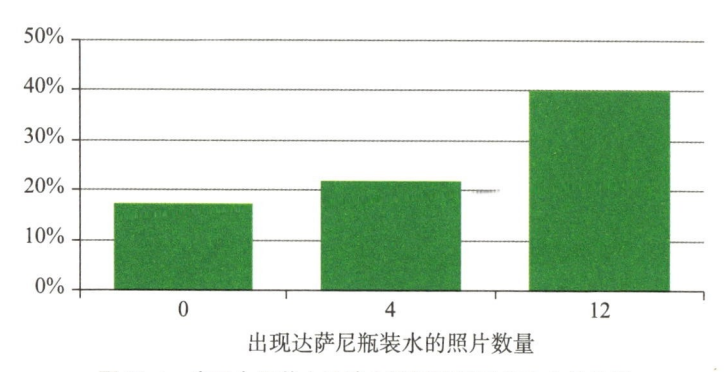

图 10-1　在四个瓶装水品牌中选择达萨尼纯净水的比例

至于为什么有些刺激更容易被记住，主要存在四项基本原则。

注意或处理

首先，正如本书之前列举的实验所提到的，原始的、与个人相关的、令人惊讶且能够激发情绪的刺激更可能被记住。这不仅是因为我们更有可能注意到这类刺激，还因为我们会将更多的注意过程转移到它们身上，对它们进行更深层次的认知加工。另外，正如前面所述，好奇心、叙事模式与流畅程度都能引发更为有效或更强的认知处理，此类刺激也更有可能被人记住。

能够赢得人们的关注并且促使人们对其进行思考的信息，被人记住的概率更大！

重复

"教育，教育，教育。"

这是托尼·布莱尔在 1997 年大选时提出的口号——没错，就是教育。它非常成功，甚至被一位评论员称作帮助布莱尔"赢得普选的咒语"；另一位评论人则推测，它绝对会被收入《牛津英语词典》。《修辞要素：如何撰写出完美的英语短语》(*The Elements of Eloquence: How to Turn the Perfect English Phrase*) 一书尤其推崇这一标语，并指出它在工党会议上收获了最热烈的掌声，也是出现在新闻标题中最多的标语。

这个咒语能够取得巨大成功的部分原因显然是重复：重复是记忆的关键。

大量研究表明，重复是记忆的关键。例如，美国心理学家本顿·安德伍德（Benton Underwood）向被试展示了一长串的双音节名词，其中，某些单词在整个列表中重复了 1～4 次；之后，被试被要求尽可能写下他们能够回忆起的单词。结果发现，重复与记忆之间存在很强的正相关：出现一次的单词中只有 27% 被记起，而出现四次的单词则有 71% 被记起。

信息每重复一次，它在记忆中的联结就会得到更新并增强（如图 10–2 所示），从而使得随后的自发记忆或是基于线索的记忆更有可能出现。

图 10–2　接触"可乐很有趣"这条信息的次数对记忆网络的影响

从信息的角度来说，研究表明，增加信息的曝光率可以提高其被记住的可能性——正如你所预料的那样。

20世纪80年代进行的一项实验要求被试观看两段时长为半小时的电视节目，节目的"休息时间"插播了广告；一周后，他们再次重复了这个过程，并且对其中播放的所有广告进行了完整的各项测试。在总共两小时的节目中嵌入的广告所重复的次数各不相同。如图10-3所示，广告的重复次数对于记忆以及购买意向都会产生积极的影响。

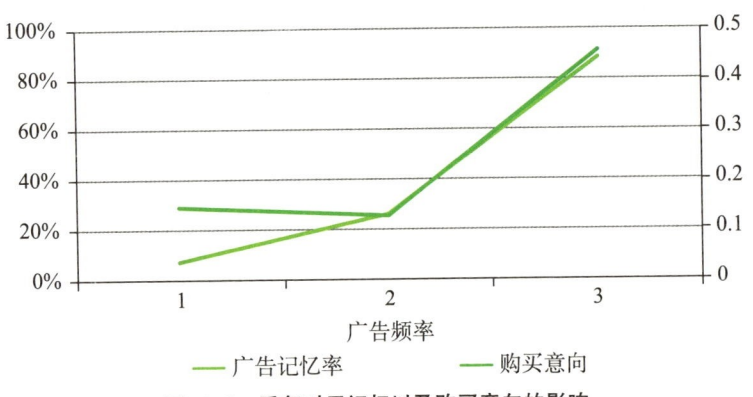

图 10-3 重复对于记忆以及购买意向的影响

同样，一项元分析研究调查了广告重复度的效果。研究发现，一则广告重复的次数越多，观众对它的负面态度就越明显。但是，每重复一次，观众对广告的记忆度及销售量就提升一次。回想一下，HeadOn 的广告在播出那年，其产品销量增长超过了200%，尽管它简单重复的广告惹人讨厌！

然而，元分析研究发现，重复一系列的广告而非同一支广告则会出现不同的结果。在这种情况下，态度的积极性会下降，但不会转变为消极态度，而随着重复次数的增加，记忆度与销售则呈现出指数级的增长。通过一系列一致的广告将熟悉的与全新的（或是重复的与令人惊讶的）信息结合在一起，似乎是最好的途径。

阿尔迪超市为我们提供了一个很好的例证。《营销》杂志将其评选为2014年在广告记忆度上表现最佳的品牌。不仅如此，这一波广告宣传还使阿尔迪停滞不前的市场份额在上一年度增长了43%，投资回报率高达15∶1，并创下了阿尔迪历史上最大的销售长幅。

至少在某种程度上，这一成功很可能要归功于阿尔迪使用的一组高度重复的广告。这些广告使用了一致的、重复的元素（因为重复是记忆的关键），同时又不断带给人们惊喜与趣味。在每个广告中，都会有一个角色说"我喜欢这些……""我也喜欢这些……"，同时屏幕的左右两边分别会出现两款带有黄色价签的产品——似乎在吸引人们关注，他们可以用更低的价格在阿尔迪买到同样质量的产品。广告的形式始终没有改变，但是广告的内容五花八门——从一位畅饮两款香槟的赤膊男子，到品尝了两种蛋糕的声音尖厉的木偶。

有趣的是，还有证据表明，重复不仅能对记忆产生影响，还会影响态度和说服力。真理错觉效应（illusion-of-truth effect）指出，听到的次数越多，人们越容易相信信息的真实性。一项研究请被试观看了一段五分钟的视频。视频中，两个年轻人闯入一所房子，随后上演了警匪飞车追逐的场景，然后他们对被试提出了与视频相关的各种问题。然而，其中的一些问题巧妙地包含了一些不真实的信息。例如，"在影片开头，一个穿着T恤、牛仔裤，戴着手套的年轻男子进入屋内。他是从大门进来的吗？"

诸如"男孩戴着手套"这样的虚假陈述被随机插入问题之中——或是零次，或是两次，或是三次。随后，被试被问及视频中是否出现了诸如戴手套的男孩之类的内容。如果该项内容并未出现在任何问题中，错误认定（即认为它曾在视频中出现）的比例是10%。与此同时，在被提到一次的内容中有37%被错误地认为出现在了视频中，而在被提及三次的情况下，这一比例高达56%。

事实上，（具有讽刺意味的是）戈培尔（Goebbels）从未说过"谎话说多就会成真"这样的话。

最后，重点就是重复是记忆的关键。我再说一遍：重复是记忆的关键。

在制作黏性信息时，务必确保尽可能多地重复信息，这一点十分重要，并确保信息中的关键点会被重复。例如，托尼·布莱尔有效运用的"重要的事情说三遍"的原则。

首因效应与近因效应

在体验开始和结束时的刺激最有可能被记住。这一原则被称为首因效应和近因效应。举个例子，在一项研究中，研究人员为被试提供了12个单词列表，每个列表包含六个单词，随后要求他们尽可能地回忆这六个单词。从图10-4中的数据可以看出，位于列表末尾的单词具有记忆优势，而位于列表开头的单词更是如此。

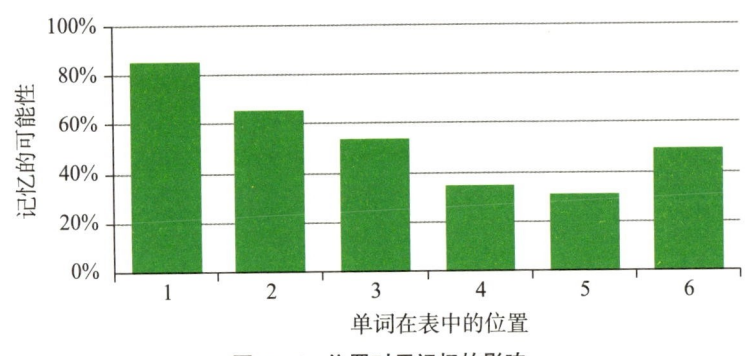

图 10-4 位置对于记忆的影响

出现首因效应的原因是人们有更多的时间去吸收和练习位于列表首位的刺激，并且在接下来的刺激完全占据脑海、耗尽他们的认知资源之前，更好地记住它们。同时，由于看完列表之后，最后的刺激仍然残留在短时记忆之中，因此会出现近因效应。不过，这确实意味着，近因效应也许禁不住时间的考验——也就是说，很快就会消失。

在与此相关并且运用了首因效应来增添信息黏性的一个很好的例子中，社会心理学先驱所罗门·阿希（Solomon Asch）对一个人进行了两种描述，除了描述的特征顺序相反外，其他都是一样的。一组人读到的这个人的特征依次是：聪明、勤奋、冲动、苛刻、固执和嫉妒；另一组读到的特征的顺序正好与之相反。

第一组人中，有32%的人认为这个人很快乐，74%的人认为他长相俊美，64%的人认为他很拘谨；第二组人中，只有5%的人认为他很快乐，35%的人认为他很帅气，9%的人认为他很拘谨。

似乎，人们对于信息内容的感知可能会受到最先出现的内容的严重影响！

然而，事实上，其他研究证实了长期近因效应的存在——如峰终定律（peak-end rule），我们将在下文讨论该定律。

除了仔细地将关键内容放入信息中，这个原则还可以用于决定信息应该被放置在何处：与会议有关的第一条推文可能会比后续推文更容易被记住。例如，针对广播广告的研究发现，14%的人能够在一两条广告中间正确识别一则广告，但是如果它夹杂在九条广告中间，就只有4%的人能够回忆起来。

将信息放置在体验开始或者结束的位置（例如，在当天工作坊开始或者结束的时候，而不是中间进行广告宣传），可以增强信息的黏性。此外，该原则也可以应用到信息本身，确保最重要的要点放在信息的开头或是结尾；同样，把最重要的信息放在句子的开头、标语、标题等处,而不是放在中间。

概括而言,放置在体验的开始和结束时的刺激最有可能被记住。

峰终定律

最后一个需要考虑的记忆原则是"峰终定律",它指出,经验的结尾与情感高峰将决定人们记忆此次经验的方式。

著名行为学家丹尼尔·卡尼曼与人合著了一些论文,研究结肠镜检查的"性感"世界。其中一篇论文发现,患者对于手术不适感的评分可以通过两个因素来预测:患者在手术过程中的最大(峰值)痛感以及在手术结束时感受到的痛感。

与近因效应类似,峰终定律在一定程度上表明,人们会记住一段体验结束时的场景。卡尼曼在另一项结肠镜研究中将病人随机分为两组:一组接受常规的结肠镜检查;另一组接受手术,但是手术结束之后,肠镜在患者体内多放置了三分钟,患者会感觉不舒服,但是不会觉得疼痛。后一组患者在回顾时认为,总体上(可以说)这种经历并不是那么令人不快,他们更有可能进行进一步的手术;显然这是因为手术最后的体验没有那么痛苦,尽管整个过程被延长了。

同样,如果要求人们再做一次下面的事情,那他们会更愿意选择先把手在14℃的冷水里浸一分钟,然后再把它放入15℃的水中,而不是只将它放在14℃的水中一分钟。当然,这种要求完全是不合理的——但是,人们更倾向于第一种选择,因为在不那么凉的冷水中结束记忆的痛苦,要比在冷水中结束记忆的痛苦小。

有趣的是,有证据表明,人们主要基于政党在大选之年的行动而不是综合性的回顾评价进行投票——换句话说,最近对政客的感受会影响我们的投票。

在对事件的情感高峰的记忆方面,我们已经详细地讨论了为什么人们会记住带有情绪的事情。对于假日的研究就是一个很好的例子。具体来说,人们对假日的记忆主要受最令人惊讶或难忘的一天的影响。我们总是带着愉快的心情回顾我们的假期,往往会忘记那些乏味的飞机旅行、家庭争吵和食物中毒事件。

当涉及信息时,最重要的是要确保你的关键点不会因为信息中更具情绪化或是更令人激动的内容而被人遗忘——同样,信息本身也不应该被更多的情感刺激所淹没。例如,最近的一篇论文研究了夹在暴力和色情电视内容之间播出的广告的效果。

如图 10–5 所示,如果广告前后的内容十分无聊,人们就能更好地记住它们。

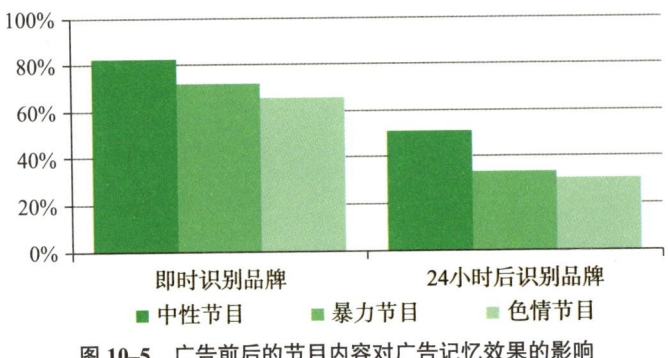

图 10–5　广告前后的节目内容对广告记忆效果的影响

被人记住——这很重要！确保你的信息已被人们牢牢记住——通过重复（特别是通过重复某些元素），通过放置在体验的开头或结尾，通过放置在体验的情感高潮。

记住：重复是记忆的关键！

本章小结

进入记忆

你应该：

- ✓ 认识到记忆在信息对行为产生影响的过程中起着极其重要的作用；"被人们记住"比对态度产生影响更加重要；
- ✓ 使用情感的、个性化的与令人惊讶的元素等让信息更令人难忘；
- ✓ 重复、重复、重复——既可以用于宏观层面，也可以用于信息本身；
- ✓ 确保信息（或者信息中的关键点）位于情感的高潮。

你不应该：

- ✗ 忘记虽然人们每天都会接触无数信息，但只有极少量的信息能够被他们记住；
- ✗ 在重复信息时没有保持一致；
- ✗ 把信息放在了情景的中间（或是把关键点放在信息的中间）；相反，要把它们放在开头和结尾；
- ✗ 确保信息中没有充斥着极端情绪。

最近，我与《UI 设计心理学》（Webs of Influence）一书的作者娜塔莉·纳海（Nathalie Nahai）共同开展了一项实验，请人们阅读一段情景描写，并对他们会以某种方式行事的可能性做出评价。例如，假设……

你需要出国出差并在当地住宿一晚。你可以在酒店随便点一些东西来解决晚饭问题，但是你想去当地的餐厅就餐。你所在的地方是发展中国家的一个小城镇，这里的食品卫生问题十分堪忧。在街上游荡了 20 分钟之后，你打算放弃——就在此时，你发现了两家餐厅，看起来那里的食物还不错。

A 餐馆空无一人。你决定在手机 App 上查找这家餐馆，但却找不到任何评价。

B 餐馆生意兴隆，门口排着长队。你在手机 App 上查找这家餐馆，然后发现有上百人去过并且留下了评论。

你会选择去哪一家餐厅就餐？

我几乎可以肯定，你会选择第二家。我们的实验结果也是一样。受访者被随机分配到其中的一家餐厅，然后采用五分制对他们在那里用餐的可能性进行评分。

结果发现，如果餐厅很受欢迎，人们去那里就餐的可能性就会增加三分之一。

这是启发式（即根据自动模式得到的经验法则）最典型的例子之一——你会选择一家繁忙、喧闹的餐厅，还是会选择一家门可罗雀、静悄悄的餐厅就餐？几乎所有人都立刻选择了繁忙的餐馆。人们的想法很明显，即如果餐馆生意火爆，那么那里的食物一定很好吃。

这就是启发式——不用思考就能迅速做出决定的捷径或经验法则。绝大多数时候，生意兴隆的餐厅会比安静的餐厅更好、更安全；将就餐人数作为一个即时的捷径，比有意识地慎重研究菜单、查看卫生许可证以及观察餐厅的清洁程度更快，也更简单。

请记住，我们花费在决策上的脑力是有限的。例如，据估计（尽管仍然是粗略的估计），我们至多有意识地处理 0.0004% 的感官信息。同时，世界也存在巨大的复杂性，仅仅在食物这个方面，我们每天就要处理超过 200 项决定。

利用启发式来处理所有此类信息以及所有必要的决策，就不必花费有限的时间和精力。人类服从启发式的进化倾向十分强烈——这在灵长类，甚至是蜜蜂的身上也十分明显。

启发式有一种与生俱来的暗示：人类几乎不可能战胜启发式。正如我们不可能避免视错觉一样，我们也无法避开启发式的影响。

一篇论文报道了美国一所顶尖大学的学生们在一场时长 90 分钟的讲座中学习"碗形效应（bowl-size effect）"（即饭碗越大，人们吃的食物就越多）的过程。六周后，他们受邀参加了一场超级碗派对。他们可以在观看比赛的过程中尽情享用某种混合谷物片。谷物片或是装在两个 1 加仑[①]的碗中，或是盛在四个 0.5 加仑的碗中。聚会结束时，选择大碗麦片的人比选择小碗的人多吃了 59% 的麦片。

其他实验发现，即使事先特意警告人们要留意某类特定的认知偏差，他们依然会在随后的测试中表现出此类偏差！

---

① 1 加仑（美制）≈ 4.4048 升。——译者注

自从丹尼尔·卡尼曼与阿莫斯·特沃斯基（Amos Tversky）在20世纪70年代点燃了人们对启发式的兴趣，尤其是塞勒（Thaler）和桑斯坦（Sunstein）合著的《助推》（Nudge）进入了全球视野之后，利用启发式来影响行为的信息就出现了井喷。现已发现了几十种启发式。然而，与信息黏性最为匹配的框架当属罗伯特·西奥迪尼（Robert Cialdini）具有里程碑意义的著作《影响力》（Influence）；书中提出了说服力的六项原则：稀缺性、社会认同、权威性、互惠性、喜好、承诺与一致性。

稀缺性

告诉你一个秘密（男同胞们，千万不要告诉你们的爱人）：钻石本身毫无价值。

如果你不相信，那就听听戴比尔斯公司前董事长尼克·奥本海默（Nicky Oppenheimer）是怎么说的吧："钻石本身根本不值钱。"

事实上，戴比尔斯公司在垄断了钻石行业之后，限制了全球钻石的供应量，从而造成了钻石的价值增加，价格也随之显著增长。确有其事，因为我们生来就想获得稀缺物品。

一方面，我们重视稀缺物品，因为似乎一旦拥有它们，所有者就拥有了独一无二的品质与个性，也表明其拥有财富和威望。然而，从更为基本的层面上来说，重视稀缺物品还有着一种强大的进化原因，即它驱使我们囤积需要储存的东西。例如，研究表明，食物短缺的信号会导致动物更加重视食物，并且在寻找食物方面更具竞争力；同样，研究人员也证实，国家和地区的贫困水平与暴力行为发生率之间存在明显的关联。

在一次实验中，研究人员邀请被试们坐下来，品尝摆放在他们面前的样品———一包雪茄、一罐薄荷糖和一罐饼干，并且告诉他们，只有一小部分人享有这种待遇。随后，被试被要求就不同方面对每件商品进行评价。他们每个人面前的饼干罐里被随机放入了两块或是10块饼干。图11-1将被试对商品的喜爱程度和吸引力的评价转换成了百分比，并且标明了他们对每磅饼干的售价的估计：在认为产品稀缺的情况下，三项数值均有所增加。

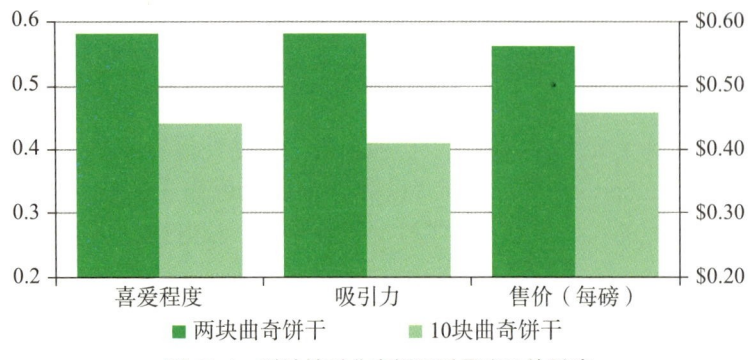

图 11–1　稀缺性对曲奇饼干质量感知的影响

就增加信息黏性这个目的而言，稀缺性既可以增强人们对于紧迫性的感知或是信息所期望实现的行为的价值，也可以提高人们采取行动的可能性。

txt2stop 是一项基于手机并且利用行为科学"助推"的戒烟计划，它通过发送短信帮助人们戒烟。该项实验表明，六个月后，计划参与者的戒烟率明显高于对照组。但是怎样才能让人们参与进来呢？

广告以及全科医生诊室等处都可以看到 txt2stop 的联系电话。人们可以先向项目组发送短信，在 txt2stop 上进行登记，表明自己对该项目很感兴趣；随后，项目组会向这些人提供与该方案有关的信息，并且邀请他们参加项目，在征得他们的同意之后，将这些人纳入该计划。2009 年 6 月，在 txt2stop 建立的数据库中，有近 2000 人表示对项目很感兴趣，但却没有同意参加。这些潜在用户中有一半的人收到了一条短信，提醒他们可以通过回复短信加入项目，但只有 6.9% 的人表示同意。而另一半人收到的信息中还加上了一句话："请加入 txt2stop。仅余 300 个名额！"结果，10.1% 的人同意了，这是对照组的 1.5 倍，差异十分显著。

另外再补充一点，在使用这项原则以及其他原则的时候，应当尊重当地的法律和伦理习俗，这一点十分重要。例如，如果你想在宣传课程剩余席位的过程中使用稀缺原则，那你可能需要事先确认，上课场地是否真的存在人数限制。英国竞争与市场局一直在打击像这样暗中利用心理学来实施影响的行为。你可以进行助推，但要符合法律与道德的要求。

> **练习**
>
> **利用稀缺性原则重新撰写文稿**
>
> 利用稀缺性原则重新撰写下面的文稿，或是增添一些信息，从而利用"稀缺性"提高它的说服力。
>
> 例如：今日，凉鞋半价销售。

社会认同

如果你所有的朋友都从桥上跳了下来，你也会这样做吗？事实上，你很可能会这样做。

想象一下，你正走在街上，突然发现一群人正在仰望天空，但是顺着他们的视线看过去，你并没有发现任何东西。你会驻足抬头吗？

著名的社会心理学家斯坦利·米尔格拉姆（Stanley Milgram）曾在1969年发表了一篇论文，对这个问题进行了研究。米尔格拉姆邀请一组研究人员走上纽约街头，混在路过的行人之中；在收到一个特定的暗号之后，他们聚集到一起，盯着一幢大厦六楼的窗户足足看了一分钟——事实上，那里什么事都没有发生。他们拍摄下了这段时间里整条街道上的情景。这样，两位裁判就能数出1424名路人中有多少人停下了脚步，多少人抬头看了窗户。

这项研究的关键在于它对数量不同的人群进行了测试。只有一个人抬头时，只有4%的人停下了脚步——但是如果15个人一起抬头，这个数字就会上升到40%，如图11–2所示。

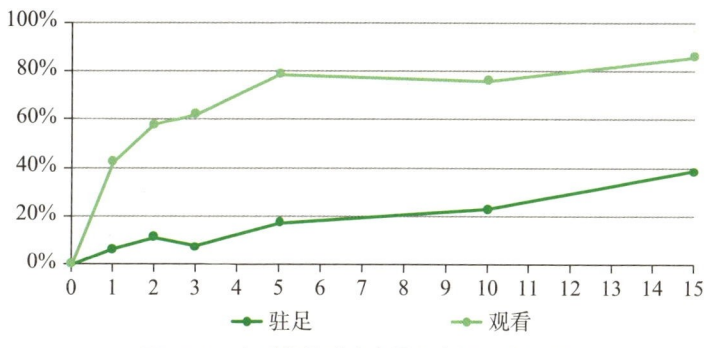

图11–2 人群数量对路人是否会加入的影响

这就是启发式的社会认同。这项经验法则告诉我们,"如果所有人都这样做,那么这一定是对的"。

举个例子,这就是为什么你很少在伦敦地铁里见到独自一人兜售报纸的卖报人员;相反,他们似乎会聚集在某些地方,比如自动扶梯的下面。事实上,在与西奥迪尼合作的一项研究中,研究人员分别观察了不知情的被试回到自己车里时的情景。研究人员在半数被试车子的挡风玻璃上摆放了一张传单,然后,有个人走过去,捡起一件垃圾;而另外一半人遇见的情况则是,有个人走过去并没有捡起任何垃圾。在后一种情况下,39%的人把传单扔到了地上;然而,一旦捡起垃圾的人激活了被试心中的"环境责任"这种社会规范,就只有18%的人扔掉了传单。

社会认同具有适应性。它不仅能够促进社交互动、建立社会阶层,还能作为一个即时的晴雨表,告诉我们什么是好的,什么是安全的:如果大家都在吃红莓,那么我也可以吃红莓;如果所有人都避开了黑暗的洞穴,我最好也避开它;如果所有人都跑向相反的方向,也许,我也应该甩开步子跑。

从沟通的角度来说,通过暗示受众目标行为是可取的,社会认同有助于增强信息的黏性。例如,想象一下,你运营的一家公共广播电台需要依靠筹款才能继续经营下去。在一次广播筹款的过程中,DJ 在流行歌曲与诙谐的玩笑之间插播了捐款呼吁。当听众打电话进来的时候,一位制作人员接起电话,说了下面这一段事先准备好的信息:"你好,CPN 会员专线。您是新会员还是续费会员?您今天准备赞助的金额是多少?"

研究人员发现,在这段脚本的基础上再增加一句话,捐赠额就能增加12%——平均捐款数目从 106.72 美元增加到了 119.70 美元。你觉得他们增加了哪句话?

"我们还有一类会员,他们捐了 300 美元。"

或者如图 11-3 所示,假设你在英国税务海关总署工作,你希望确保每个人都能按时交税。如果你想增加按时填报纳税申报单的人的比例,你会在寄给人们提醒他们按时纳税的信函中增加什么内容呢?

"在_____中，90%的人均按时交税。"

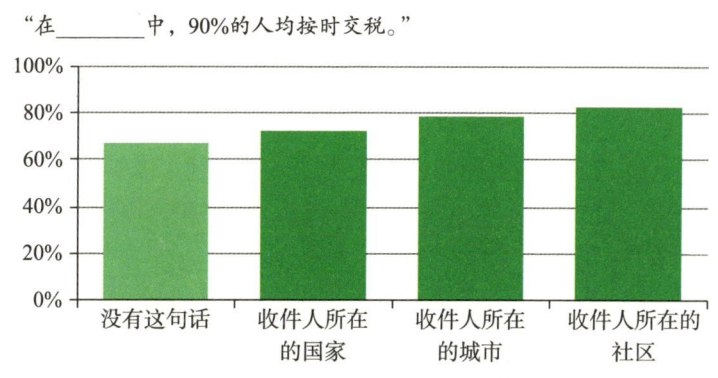

图 11-3　信函增加内容对按时交税的影响

> **练习**
>
> **利用社会认同原则重新撰写文稿**
>
> 利用社会认同原则重新撰写文稿，或是增添一些信息，从而利用社会认同提高它的说服力。
>
> 例如：今年来博格诺里吉斯，享受复活节的阳光。

权威性

斯坦利·米尔格拉姆进行过另一项开创性的实验——也许你对它十分熟悉。有40人参加了一项他们以为是针对学习记忆的测试：所有人都被告知，他们将承担起"教师"的角色，而另一位看不见的"学生"会通过对讲机与他们进行交流。按照一位身穿实验室白大褂的研究人员的指示，"教师"为"学生"念了一些问题，以此来测试他们的记忆；如果"学生"回答错误，"教师"就要对他们实施电击。第一次的电压是15V，此后，每次增加15V。

实际上，"学生"都是职业演员，他们并未受到任何电击，不过已经排练过被电击之后的反应：75V（及以上）的电击会引发其小声嘟哝；从120V到345V，反应越来越强烈，从抱怨到尖叫，再到歇斯底里地要求停止；345V以后，他们将一直保持沉默。

米尔格拉姆统计了一直将电压增加到最大限度（450V）的被试的数量，不论对方发出了多么凄厉的尖叫，以及出现了多么可怕的沉默（有一条信息可以供你们参考，100V 就足以致命），有 65% 的人都没有停止电击行为。

后来，米尔格拉姆对实验条件进行了调整：为被试提供指导的研究人员并没有穿白大褂，而实验场所也改为一间破败的办公室，而不是大学实验室。在这种情况下，实施 450V 电击的人数有所减少（48%）。

结论就是，我们往往会本能地服从权威人物。白大褂与大学实验室就标志着合法性与权威，这增加了人们对一项明显令人厌恶的要求的遵守程度。

权威就是经验法则，"如果专家这样说，那就绝对是真的。"

继米尔格拉姆的研究之后，还有许多研究表明，权威会对社会服从产生影响。在其中的一项研究中：一位是胡子拉碴、穿着脏兮兮的旧工作服、头戴棒球帽的蓝领工人；一位是胡子刮得很干净、穿西装打领带的商人；还有一位是穿着蓝色衬衫、袖子上印有消防局标志的消防队员。这三个人分别在盐湖城的街道上走向行人，指着另一位行人（实际上是实验人员）说道："这家伙停车超时了，可是他没带零钱。借给他 10 美分吧！"

44% 的人答应了蓝领工人的请求，50% 的人答应了商人的要求。然而，高达 82% 的人按照消防员的要求做了，这说明"制服"比"社会地位高"这样的信号更有说服力。

但是，对于信息而言，这意味着什么呢？

首先，信息传递者的权威性会对信息的说服力产生深远的影响。事实上，一项元分析发现，可信度是说服力最重要的构成因素之一。一位专家发表在《纽约时报》上的文章，或是在国家电视台上播出的节目，都可以改变公众对政治问题的看法，其程度可以高达 4%。

因此，在信息中加入头衔与职业这类微妙的暗示，可以增强它们的有效性。例如，当家长带着孩子去找学校的心理咨询师做测试时，咨询师向他们推荐了一本与儿童发育有关的书籍；当心理学家自我介绍为"先生"时，没有一位家长购买这本书；但是当他自我介绍为"博士"时，有 17% 的人购买了。同样，如图 11-4 所示，发放有关牙齿保健的免费小册子也会受到建议人职称的影响。

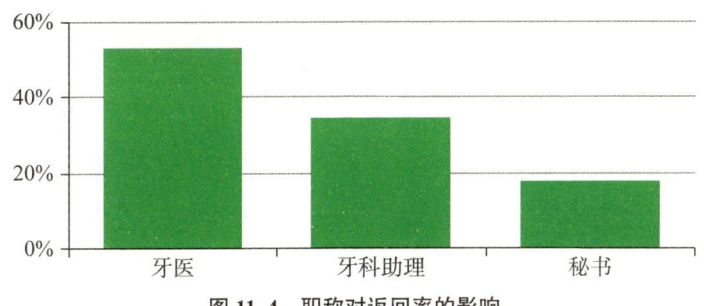

图 11-4　职称对返回率的影响

然而，如果作为一个建议人，你缺乏权威性，那你可以借助别人的头衔来完成这项任务。一项实验发现，如果在一样东西的图片旁边配上一张相关知名专家的照片——例如在运动鞋旁配上安德烈·阿加西的照片——人们对它的好感就能增加12%，再认度就能提高10%。

此外，权威的沟通可以增强说服力。例如，一位销售人员试图推销一台八声道磁带录音机（这可是20世纪70年代的产品……）的清洁设备。如果他在自己的高谈阔论中加上这样一句"他们告诉我，这款特价产品能够保证你的磁带录音机清洁"，那么销售的成功率是22%；但如果他说的是"这款特价产品能够清洁导轨、磁头，尤其是驱动轮上的污垢和磁粉"，那成功率就能达到67%。

不过，还有其他更不易察觉的方式来让信息具备权威性。一项研究使用了真实的法庭记录来模拟证人被询问时的场景，证人的语言会使他们显得要么十分具有影响力，要么毫无说服力。

有力的演讲包含更多强调的成分（如"肯定"），而模棱两可的言语（如"有点"）、问题、手势、"先生"的用法、吞音和单字回答更少。参与者评分显示，人们认为，使用了有力语言的证人更加可信；另一篇论文也在广告中发现了同样的现象。

最后，增添信息的权威性可以使你的请求看起来像是一种明智的做法，从而增加受众照做的可能性——即便这个要求是用电击来谋杀别人！

第四部分　促人行动

> **练习**
>
> **利用权威性原则重新撰写文稿**
>
> 　　利用权威性原则重新撰写文稿，或是增添一些信息，从而利用"权威性"提高它的说服力。
>
> 　　例如：涂抹了果酱的吐司与丹麦黄油是绝配。

互惠性

　　想想去年圣诞节。你收到的礼物中有没有一些最终被束之高阁、送进了慈善商店、扔进了垃圾桶或是重新包装之后转手送给了别人的？也许是一双傻乎乎的印有辛普森一家的袜子、一台头部按摩器，或者是一瓶廉价香水？

　　说得好听一些，我们往往会在圣诞节买很多毫无意义、毫无价值的便宜货。最近几年流行的礼物是"没用的盒子"———一个带开关的毫无特色的黑色盒子。只要按下开关，就会从盒子里弹出一条机械臂，将开关恢复原样。

　　也许这些礼物看起来很有趣而且没有什么危害，但是当我们看到下面这些数字时，就会从"呵呵呵"变成"呸，骗子"：一份报告估计，英国人每年都会在没有人想要的圣诞礼物上浪费20多亿英镑。

　　那么，为什么我们会在圣诞节表现得如此不理性呢？为什么我们明知别人不想要，还是会买下这些礼物呢？

　　要回答这个问题，我们首先需要了解1976年发表的一篇以圣诞节为主题的实验论文。社会学家菲利普·昆兹（Phillip Kunz）和迈克尔·伍尔科特（Michael Woolcott）购买了600张圣诞贺卡，并将它们随机寄给了列在《波尔克电话号码簿》上的美国中西部地区的居民。需要强调的是，收信人完全是随机选择的，他们与撰写并且寄送卡片的研究人员之间没有任何联系。

　　五分之一的人回寄了圣诞贺卡。

　　在这里发挥作用的就是互惠性原则———一个与生俱来的启发式，"投我以桃，报之以李。"

　　互惠性是一种强大的激励因素，对于人类这个物种来说十分重要。人类是极具社会性的动物，他们进化成群居生物，并且通过相互合作生存了下来。如果群体中的所有（或大多数）成员都喜欢揩油，只知索取不知回报，社会群体就无法正常运转。

与其他原则一样，我们的灵长类亲戚就为我们证明了互惠性的内在本质。研究人员对有关灵长类动物相互理毛行为的研究进行了一项元分析。结果发现，在猴子相互理毛的原因中，互惠性占了20%，而家族关系仅占了3%。从另一个角度来看，当涉及灵长类动物相互捉虱子的行为时，"如果你替我挠背，我就替你挠背"比"我是你叔叔"更重要。

事实上，互惠性是与生俱来的，甚至连一种叫作舞虻的果蝇也会这样做。圣安德鲁斯大学的研究人员在实验中截获了一些雄性果蝇，并将它们携带的食物替换成了一片绒毛。雄性果蝇利用这些食物与雌性交换礼物：它们提供食物，而作为回报，雌果蝇会与其交配。但有趣的是，即使礼物变成了不可食用的绒毛，果蝇的交配时长依然不会发生变化。重要的是交换礼物这件事，而不是礼物本身，导致了互惠。

顺便说一下，88%的男性会在情人节给他们的伴侣购买礼物，最受欢迎的礼物包括毛绒玩具、巧克力、卡片和鲜花（然后是毫无价值的绒毛）；四分之一的男人都明确地希望自己的礼物能够得到对方的回应。幸运的是，一项研究发现，如果他们请女性喝饮料或酒，女性将自己的电话号码留给他们、与他们调情的可能性就会更大。

然而，更为普遍的是，许多已经发表的论文证实了互惠性在遵守承诺方面所具有的强大作用。举一个例子，一篇论文描述了一项研究，被试与另一位被试（实际上是实验助手）一同坐在房间里，两个人需要完成一项调查。助手中途离开房间去自动售货机买回了两瓶可口可乐——一瓶给自己，另一瓶送给了被试。调查结束后，助手请被试帮忙：他现在必须赶去某个地方，但是他还必须在20分钟内把这封重要的信送到总监办公室，而办公室离这里只有五分钟的路程，被试介不介意帮他把信送过去？

这瓶可乐使得人们帮忙的意愿从66%猛增到了94%。

从沟通的角度来说，结论十分明确：送给别人一份礼物，他们更有可能满足信息提出的要求。

例如，研究表明，如果免费赠送一瓶矿泉水，那么人们填写并且返回问卷的可能性就会从10%上升到30%，而如果在问卷中附上1美元，人们回答问卷的可能性就会增加50%。

然而，互惠的物品不一定要十分昂贵。例如，一项在线研究发现，如果网站事先可以为访问者提供一次免费下载的机会，他们更有可能留下自己的联系方式。针对服务业收取的小费进行的研究发现，通过赠送拼图、赞美或者画一张笑脸这类礼物，就能利用互惠性增加小费。

最后，我们还有一种偿还人情的强烈欲望——不论这个人情有多小，这是增强信息黏性的一项强大技术。

> **练习**
>
> **利用互惠性原则重新撰写文稿**
>
> 利用互惠性原则重新撰写，或是增添一些信息，从而利用"互惠性"提高它的说服力。
>
> 例如：政府需要你主动伸出援手，帮助老年人。

喜好

1994年6月的一个晴朗的夜晚，一辆不起眼的白色福特野马汽车在洛杉矶的大街上以35英里[1]的时速悠闲地行驶着。几辆警车闪着警灯尾随其后，福特汽车的头顶盘旋着轰鸣的新闻直升机。这就是辛普森因被控谋杀前妻妮可·布朗及其友人罗纳德·戈德曼而出庭受审前，在全国电视观众面前直播的慢速追逐。

下面我们来陈述一些相关事实：警方在辛普森的一双手套上检测出了他的DNA。其中一只手套出现在犯罪现场，另一只则出现在辛普森名下一处房产的树丛里。警方证实，手套上的血迹属于戈德曼。留宿的客人称自己在凶案发生前后听见了打斗的声音。上演追车情节之前，辛普森曾写下一封信，被人们认为很可能是一封遗书。他在信中写道："不要为我感到难过。我过着美好的生活，拥有亲密的朋友。请想想真正的辛普森，而不是这个迷失的人。"

无论那天到底发生了什么，人们都认为，不论正确与否，证据对辛普森都是不利的，他将被判有罪；然而，他却被无罪释放了。为什么？

1920年，著名心理学家爱德华·桑代克（Edward Thorndike）发表了一篇论

---

[1] 1英里≈1.6093千米。——译者注

文。他在文中首次提出了光环效应（the halo effect）一词，他发现，人们对于个体不同特征的感知是紧密相连的。桑代克请军官就一系列身体、认知和个人特征对下属士兵进行评分。结果显示，各项得分之间存在强烈的正相关。例如，体格与智力、领导水平以及性格之间的相关分别为 0.31、0.39 和 0.28。光环效应本质上认为，如果人们对某人的某一方面存在积极的印象，他就很可能被光环所环绕，因为人们多半会认为他在其他方面也存在优势。

换句话说，如果一个人富有、出名并且美丽，那他更可能被认为是值得信任、诚实和无辜的。事实上，有研究表明，长相俊美的刑事被告更有可能被判无罪或受到更轻的惩罚。

事实上，有魅力的人在生活中很有优势。最具吸引力的人的收入要比普通人高 5%，而最丑陋的人的工资则要少 7.9%；有魅力的人成功通过求职面试的可能性也更高。事实上，长相俊美的人一般都更加幸福、更加健康。

同样，在顺从这个问题上，一项关于慈善捐赠的研究发现，金发女郎筹得的资金更多。也就是说，平均而言，黑发女性可以从与她们接触的路人那里筹集到 1.31 美元，而金发碧眼的女性则能够募得 2.42 美元。

不过，喜爱度并不仅仅与魅力相关。例如，当一项实验模仿了被试的肢体语言时，被试捡起"掉下"的笔的可能性会提高 36%，向实验者所在的慈善机构捐款的可能性会增长 34%。其他研究也发现，人们更愿意给与自己穿衣风格相似的人一毛钱，让他们去拨打电话，而如果两个人曾经简单交谈过两分钟，那被试阅读长达八页的文章并且撰写长达一页的反馈意见的可能性就会增加 22%！

总的来说，喜爱度启发式的本质是"如果我喜欢它，或者它很好，它就一定是好的。"也就是说，如果一条信息或是它的发送者具有吸引力，与自己相似、熟悉，或者享有积极评价，它就更有可能具有说服力。

例如，想象一下，如果你希望人们填写一份调查问卷（这份调查长达八页，包含 150 个问题）。你会做些什么来提高人们完成问卷的可能性呢？

行为科学教授兰迪·加纳（Randy Garner）就面临着这样一个问题。一些调查对象只收到了一封塞着问卷的信；而另一些人收到的信封上则贴着一张便条，上面手写着一条信息："请花几分钟时间帮助我们完成这件事。"个性化的信息显然可以增加喜爱度。

然而，第三组人收到了同样的便条，只不过除了上述信息之外，便条上还增加了"谢谢！"二字。

从图 11-5 中可以看出，越是讨人喜欢的信息，顺从度越高。同样，本书在前面的章节里提到了南非发薪日贷款的广告信函。研究发现，如果男性收件人收到的信件中附有一幅微笑的女性照片，他们申请贷款的概率就会增加，其增幅与贷款利率降低 4.5% 时相当；另一项研究显示，如果邮件发送者的名字恰巧与收件人相同，点开慈善募捐邮件的比例就从 4% 上升到了 22%。

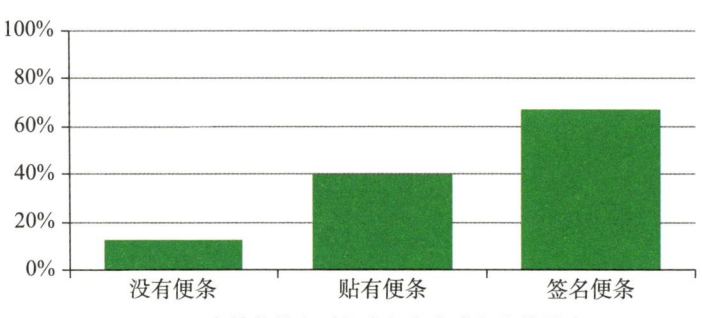

图 11-5　个性化信息对调查问卷完成程度的影响

总而言之，可以通过使信息内容或其发送者更讨人喜欢，来增强信息的效力。

练习

利用喜好原则重新撰写文稿

利用喜好原则重新撰写文稿，或是增添一些信息，从而利用"喜好"提高它的说服力。

例如：为大卫·卡梅伦投出一票就是为英国投出一票。

承诺与一致性

2010 年 5 月，英国保守党领袖大卫·卡梅伦与自由民主党组成了由尼克·克莱格（Nick Clegg）领导的联合政府。自由民主党在大选中赢得了 24% 的选票，对于在两党体制中的非主流党派来说，这个结果给人留下了相当深刻的印象，因为工党也只赢得了 29% 的选票。

总的来说，尼克·克莱格是一个时尚、可爱的人，他为人们关心的问题挺身而出。例如，他承诺说，如果他的政党能够执政，他们将取消大学学费。

然而，当他的政党真的执政之后，大学学费涨了两倍。

尽管自由民主党在2010年5月赢得了24%的选票，但是等到2015年5月的时候，他们的支持率已经跌至8%，下降了三分之一（极具讽刺意味）。

人们讨厌不一致的人。例如，心理学研究表明，如果人们发现某人做了不道德的行为，而这个人之前曾因为这种行为对别人大加指责的时候，就会幸灾乐祸。作为社会动物，我们有一种强烈的渴望，希望别人能够认为自己言行一致并且十分可靠。

然而，更重要的是，一种被称为认知失调的原则正在发挥作用。社会心理学家利昂·费斯廷格（Leon Festinger）提出了认知失调这一概念，即当两种对立的观点均被认定为真时，人们内心所产生的紧张或不满足等不愉快的感觉——这种内部的不协调是一种激励因素，可以促进紧张的解决。

例如，在一项实验中，研究人员为学生被试们提供了10种存在欺骗行为的场景，例如，在考试过程中偷偷抄写书中的答案，并要求他们对作弊者应该遭受多大的惩罚进行评估。然后，被试们参加了一些考试——但是他们中的一些人将有机会作弊，例如，他们可以自行批改答案。之后，他们又完成了另一项针对欺骗行为的态度的调查。那些在考试中作弊的人后来认为，应该降低针对作弊的惩罚。在这种情况下，作弊者之前的态度，即作弊应该受到严厉惩罚，与他们的行为（也就是作弊）出现了不一致；因此，他们必须改变自己的态度，从而使其能与行为相匹配，重塑内心的和谐。

重要的是，对于人们来说，保持自我和认同的一致性十分重要，因此，他们的行为方式与他们的信仰、行为和先前的承诺是一致的。这就是"承诺与一致性"启发式："如果我做出了某种承诺，或者它与我的身份相一致，那么我就会去做这件事。"

因此，可以通过推断信息所期望的行为与受众的身份相一致，或是通过让受众以某种方式对信息所期望的行为做出承诺，来增强信息的黏性。

在第一点上，一项研究发现，如果人们收到了被操控的反馈信息，说他们是会做出环保购买决定的人，他们就会更倾向于选择更环保的产品。因此，信息可以通过暗示人们这就是惯常的行为模式，来鼓励他们表现出某种特定的行为模式。

至于第二点，美国的一项研究在循环利用意识运动中，请男童子军挨家挨户进行宣传。为了促使人们做出承诺，他们向一些家庭分发了"我循环利用，杜绝浪费！"的贴纸，并且请他们在"我，_____，承诺支持克莱尔蒙特的循环利

第四部分 促人行动

用计划。我将为杜绝浪费出一份力!"的卡片上签名。

在接下来的六周内,一名研究人员记录下了他们是否把可回收物品放在房前。在没有做出回收承诺的对照组中,在这六周内,11%的人开始了循环利用的行为。然而,在那些做出承诺的人中,最终有42%的人成了循环利用者。

我们也可以对承诺感知进行人为的设计。两位美国研究人员与一座大型集合城市中的洗车行合作,向300名顾客发放了积分卡,承诺只要集满一定数量的印章就能享受一次免费洗车服务。半数顾客只要集满8个章即可;而另一半人则需要集齐10个章,但是前两个章已经盖好了,这就意味着,他们实际上也只需要集满8个章。然而,第二类积分卡通过暗示20%的任务已经完成,使人们产生了一种承诺感。如图11–6所示,它明显更有效。

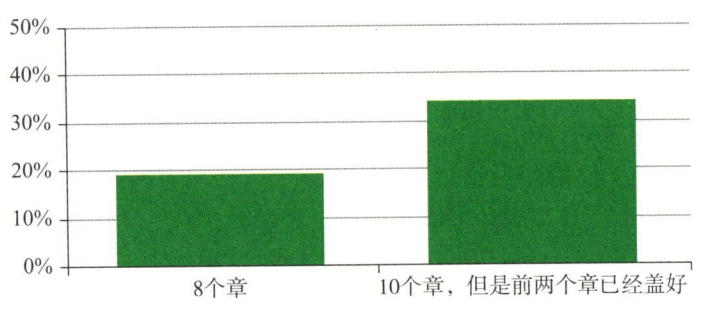

图11–6 人为承诺对兑换免费洗车服务的影响

一项使用了承诺与一致性的强大技术被称作得寸进尺法（foot-in-the-door technique）,即如果人们事先已经同意了一个较小的请求,那么他们更有可能同意完成一项更大的请求。举个例子,如果人们之前已经同意在汽车保险杠上贴一张小贴纸,那么他们就更有可能同意在自家草坪上竖起一块又大又丑的牌子来宣传一项慈善事业。同样,如果在调查之前先与对方进行了电话沟通,那么调查的完成率也会更高。

最后,另外一个美妙但却有点诡异的原则就是纯粹同意效应（the mere agreement effect）,就是让人们对一系列不相关的问题做出肯定的回答（例如:"是的,是的,是的……"）,从而使他们更可能同意随后提出的请求,比如捐赠。因此,可以仅仅通过让人们对之前的,甚至是无关的问题表示赞同,来鼓励他们采取某种行为。

最后，如果你想让听众更有可能采取信息所期望的行为，一个有用的工具就是暗示你的行为与听众之前的信念或行为是一致的。

练习

利用承诺与一致性原则重新撰写文稿

利用承诺与一致性原则重新撰写文稿，或是增添一些信息，从而利用"承诺或一致性"提高它的说服力。

例如：这个周末我们组织烧烤，希望你能参加。

本章小结

自动模式

你应该：

- ✓ 意识到大多数决定都以捷径为基础；
- ✓ 巧妙利用对启发式的理解来"助推"受众的行为；
- ✓ 利用稀缺性的信号表明，你希望受众所做的行为看起来很紧急；
- ✓ 通过吸引力或是相似性使受众喜欢你的信息；
- ✓ 让受众做出承诺，或者表明他们已经做出了承诺，这样他们就更有可能采取与承诺一致的行为；
- ✓ 向受众发放小礼物；
- ✓ 通过权威信号使信息看起来更加可信、正确；
- ✓ 暗示所有人都在做你希望受众做的事。

你不应该：

- ✗ 认为人们能够战胜启发式：它们就像是不可能"看不见"的视错觉；
- ✗ 以不合法或不道德的方式使用影响策略。

相当一部分人极度怀疑，迪士尼公司正试图透过电影偷偷向他们的孩子们传递与性有关的阈下信息——要说有什么依据的话，在我写下这段文字的时候，"迪士尼阈下信息"这则视频的点击量已近170万。

这个话题吸引了大量关注，甚至连主流媒体都对其进行了报道。它们发现，迪士尼为一切指责都提供了合理的解释（我猜他们也会这样做……）：不，《狮子王》(*The Lion King*)里飞扬的沙尘拼出的是"SFX（特技效果）"这个词，而不是"SEX（性）"；不，《小美人鱼》(*The Little Mermaid*)里的主教可不是下体勃起了，那只是他的膝盖而已；没错，在《谁害死了兔子罗杰》(*Who Killed Roger Rabbit*)中，确实有几帧兔子杰西卡没穿内裤的图像。

也许，这更多地表明了我们天生就有一种寻找模式的倾向，而不是真的存在利用性感尤物来洗脑的世界阴谋（可能吧），但它确实提出了一个有趣的观点，即公众担心企业会通过阈下信息操控我们的思想。例如，一项调查发现，62%的受访者认为，广告商正在通过阈下信息控制他们。

1957年，私人市场研究人员詹姆斯·维卡里（James Vicary）声称，他通过在影院放映电影时，在观众无意识的情况下打出"吃爆米花"这样的信息，帮助一家影院将爆米花与可口可乐的销量分别增加了50%以上和18%，随后引发了公众的愤慨。帕卡德（Packard）在《隐藏的说服者》(*The Hidden Persuaders*)中（这本书在冷战巅峰期声称，消费者在市场营销人员邪恶的技术面前毫无抵抗力）引用了这项研究。事实证明，可以如此轻易地控制和操纵消费者的想法已经对崇尚自由意志和个人责任的社会产生了令人厌恶的影响——其影响甚大，以至美国和英国等国家都已明令禁止了阈下广告。然而，随后的研究发现，维卡里的研究似乎是一场宣传的骗局；他号称成功的实验从未被成功复制，而且事实证明，阈下广告的效果十分微弱。

那么，有可能进行阈下精神控制吗？我们真的生活在奥威尔式的反乌托邦社会中，还是说那只是一堆陈腐的废话？

有一些实验至少在一定程度上为维卡里的"吃爆米花"现象提供了支持。兰卡斯特大学的研究人员请112名6~12岁的英国儿童在学校里观看电视。具体而言，他们观看了一段选自经典儿童电影《小鬼当家》（*Home Alone*）的两分钟的片段。之后，孩子们被随机逐个带入另一间与教室分隔开的房间，研究人员会在房间里问他们几个简单的问题。不过在提问之前，孩子们可以根据自己的选择免费获得一杯可口可乐或是百事可乐。在一半孩子观看的片段中，一家人在吃晚餐，而百事可乐的出镜率相当高；而另外一半人观看的是另一段主题和内容都类似的片段，只不过出现在影片中的是牛奶。在后一部分儿童中，42%的人选择了百事可乐，而在前一组中，则有62%的人选择了百事可乐。有趣的是，不论他们是否记得在电影中看到过百事可乐，他们的选择都不会受到影响。

事实上，接触到百事可乐的刺激确实能够增加它的消费量，证实了维卡里有关"喝可口可乐"能够增加可口可乐的销量的说法。

另一项实验更明确地支持了维卡里的主张。在一篇题为《超越维卡里幻想：阈下启动效应的影响与品牌选择》（*Beyond Vicary's Fantasies: the Impact of Subliminal Priming and Brand Choice*）的论文中，荷兰心理学家请被试完成一项计时的单词任务。在这项任务中，研究人员几次向被试展示了9个B（也就是BBBBBBBBB），每次300毫秒，不同的是，有时字符串中会随机出现一个小写的b（如BBbBBBBBB）；被试必须数出含有小写b的字符串的个数。

但其实在实验过程中，每次B字符串出现之前，都会有些单词闪现了23毫秒，也就是说，这些单词还未来得及进入意识。对于半数被试来说，这个无意识的词汇刺激是"立顿冰茶（Lipton Ice）"；另一些人看到的仅仅是由同一些字母组成的毫无意义的短语，比如"Npeic Tol"。第二个关键点就是，实验开始前的一分钟，每组有一半成员不得不咀嚼一种非常咸的糖，这显然会让他们感到口渴。最后，被试被问到，如果可以的话，他们是否愿意选择立顿冰茶，而不是可口可乐或其他。

第四部分　促人行动

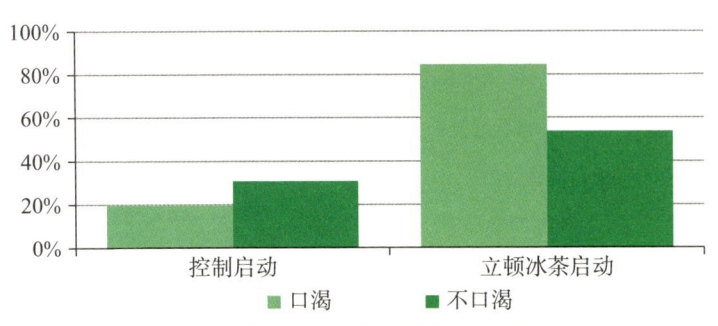

图 12-1 启动效应对立顿冰茶所占份额的影响

从图 12-1 所显示的结果中可以得出两个结论。第一个是，只有在被试觉得口渴的情况下，才能明显地受到阈下信息的影响；作者的结论是，我们无法对目标进行阈下操纵，但是为了实现这些目标的解决方案可以。这是我们以后会解决的一个重要问题——也就是说，只有在特定条件下，阈下劝说才能起作用。第二个结论就是，再一次支持了维卡里的研究，即阈下信息对品牌购买可以产生影响。

单看这两项研究，显然，阈下广告也许能够起作用。具体来说，这些研究表明，使某件事在人们头脑中凸显出来——也就是说，提醒人们想起一些事情，或是把它们浮现在脑子里——随后会对行为产生影响。前文已经给出了例子，比如，看到橙色的万圣节装饰，人们会更容易想到新奇士这类橙色的品牌，或者看到摆在办公桌上的巧克力，你就更有可能去吃它。

这个原则就是"启动效应"，指的是接触某种刺激会激活该刺激在大脑中的记忆节点，从而使这些记忆节点与之相连的过程。为了说明这一点，"启动"这个词最初在现代意义上被用来解释为什么当要求人们去记忆单词列表，然后要求他们想出一个自发的单词列表时，他们往往会把之前记忆的单词包含其中，这表明这些单词仍然活跃在记忆中。

在下面的图片中，作为一个非常粗略的例子，我们可以看到一张椅子会激活或者"启动"，记忆中"椅子"的概念。在一定程度上，这也会激活与"椅子"这个节点相关联的记忆节点，如"桌子"或是"坐"这个动作。因此，也许可以从这个简单的例子中推断出，下图中的这个椅子的图像在无意识的情况下一闪而过，可以使人们更有可能坐下而不是站起来。

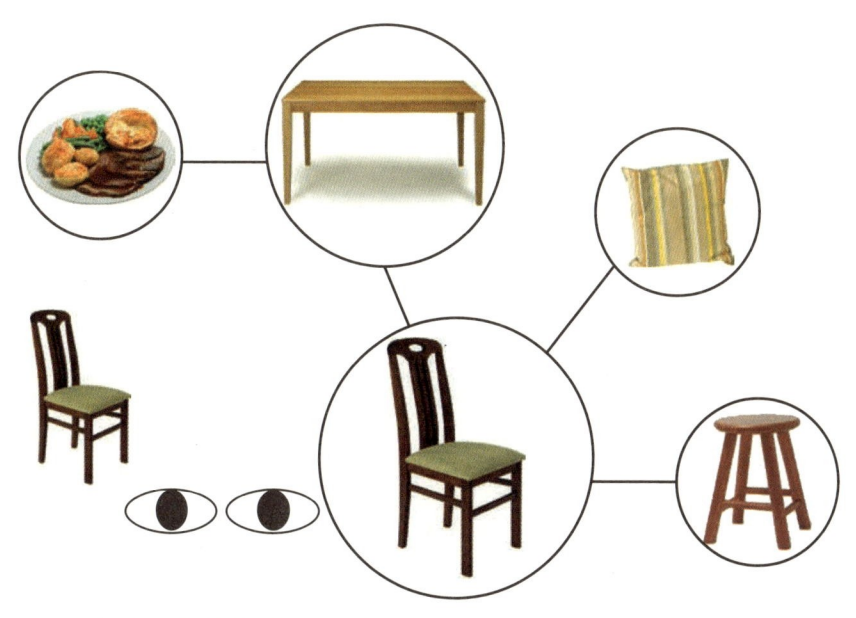

已经发表的一些优秀论文论证了启动效应如何以惊人的方式对行为产生影响。在一项也许是最广为人知的研究中，社会心理学家约翰·巴奇（John Bargh）及其同事指导被试把 30 个由五个单词组成的杂乱的句子变成由四个单词组成的连贯的句子。例如，把"他们她送见到常常"变成"他们常常见到她"。对一半的被试来说，这些句子都是相对中立的；然而，另一半的句子则包含了一些与老年人有关的词汇，如"皱纹""灰色"与"佛罗里达"。实验完成之后，被试就离开了——但是，一名研究人员偷偷用秒表记录了他们沿一条 9.75 米长的走廊行走的时间。平均而言，那些阅读了与老人有关的单词的被试走完这段走廊的时间要多出 13%！

另一个很好的例子来自这样一个实验，被试回答了由 42 个常识问答组成的测验。一些被试直接开始测试，而另一些被试则必须先花五分钟的时间想象一个典型的教授形象，写下跃入他们脑海的所有与属性、外表及行为相关的单词，而剩下的三分之一则需要想象秘书的形象。控制组的平均得分率为 50%，而那些联想教授的人的得分率为 60%——一些看似不易受到影响的东西，如智力似乎也很容易受到启动效应的影响。

还有很多其他又酷又性感的有关启动效应的例子——例如，研究发现，苹果公司的标识比 IBM 公司的更容易激发人的创造性思维。然而，最近，人们对启动效应的研究提出了质疑。由于研究人员无法复制关键实验，启动效应被认为是最不可靠的心理学原理之一。一项元分析发现，阈下广告对选择的影响（r=0.0585）

第四部分　促人行动

与阿司匹林引发心脏病的可能性差不多。

如前所述，部分原因可能与调节变量有关。也许最大的因素就在于阈下和阈上启动效应存在区别：后者涉及更谨慎的有意识处理启动，例如，整理句子或是花五分钟思考某事；而阈下启动效应涉及偶尔或无意识的接触刺激。尽管阈上启动效应更有可能取得效果（因为它会带来更多的认知处理），但在现实世界中却往往行不通。

话虽如此，许多研究表明，启动效应可以在信息中用来鼓励受众采取行为。例如，某项实验创建了一个模拟的电子商务网站来销售沙发；然而，网站的访客没有意识到的是，网站的背景是随机分配的，要么是绿色的硬币，要么是蓝天白云。前者显然能够让人想起金钱，而后者则是沙发的质量（即舒适）。在以云为背景的情况下，39%的访客买了最便宜的沙发，而另一组却有49%。

最后一项研究为一家餐馆制作了一则广告，广告中有餐厅的图片和下面的文字。然后，实验者让被试估计了自己愿意为双人餐支付的价格，包括饮料和甜点。半数被试阅读了文字材料："抛开一切，享受今晚"，平均愿意支付46.45美元。

然而，当"抛开（so long）"换成"再见（goodbye）"之后，这一数字就上升到了56.29美元，因为"购买（buy）"与"再见（bye）"谐音，显然会促使他们花更多的钱。

最后，信息中一个恰当的单词、短语或图像都可以通过启动相关的想法、感受或行为来影响行为。例如，如果你想创建一张海报来保持办公室茶水间的整洁，那么在海报上设计一双眼睛就会使人们对自己的行为更加负责！

练习

启动

你正在向一群潜在客户演示幻灯片。想一想可以启动他们的方式——或是通过有意识的练习实现阈上启动，或是通过一幅精心放置的图片实现阈下启动——来实现下面所列的所有结果：

1. 让他们更健谈，更开放；
2. 让他们更慷慨大方；
3. 让他们在完成小组任务时更有创造性。

本章小结

启动效应

你应该：

- ✓ 明白，与信念相反，可以通过特定方式实现某种程度的阈下影响；
- ✓ 巧妙理解环境线索，启发出有用的想法、感觉和行为；
- ✓ 只要有可能，尽量使用阈上启动效应（例如，阅读几个单词）而不是阈下效应（如，快速观看图片），因为前者的效果更强。

你不应该：

- ✗ 高估启动效应的力量，因为它的影响往往较弱，而且不可靠；
- ✗ 利用阈下启动效应的力量实现"邪恶"的目的；同样，坦率也很重要；
- ✗ 胡乱地把所有信息堆在一起。正如我们所看到的那样，信息的细微变化会对行为产生很大的影响。

第五部分

投入实践

曾经有人给我讲过一则与研讨会有关的故事。事实上，在一个知名快消品牌举办的关于用启发法影响消费者行为的研讨会上，出现了塞勒与桑斯坦在《助推》一书所举的有关"助推"的例子：

> 各位男同胞们，还有比在洗手间里弄湿鞋子更糟的事情吗？不管你是不小心把那种用来标记领地的液体溅到了自己身上，还是不得不踩着别人留下的痕迹走路，这都不是一段令人愉快的经历。幸运的是，现在出现了一种聪明且十分流行的"助推"，它可以减少从小便池中溅出的尿液数量，那就是苍蝇贴纸。小便池中存在一个特定的位置，当尿液落在那里时飞溅出来的可能性最低；如果在那里贴上一张苍蝇贴纸或是蚀刻版画，就可以明显减少上述情况的发生，因为男人天生就有一种瞄准目标的冲动。这种做法神奇地应用了'有样学样'这一原则。

然而，在研讨会现场，有一名与会者举起了手。"这主意是不错……可是它怎样才能帮助我把酸奶卖出去呢？"

套用一句流行语——无法投入实际应用的知识毫无用处。

因此，我们将在这本书的最后一部分，回顾之前提过的各项科学原理并解释如何在特定环境——促销、社交媒体、广告直邮以及工作场所中使用这些原理。我们将就如何利用这些信息抓住人心，给出具体、实用的建议。

不过首先，我们会在参考宝典中概括一些有关如何创建黏性信息的见解。

完美沟通宝典

虽然有老生常谈的嫌疑，但是研究表明，男人确实不喜欢开口求人。例如，男人更不愿意去看医生，即便不得已去了医院，他们向医生所提的问题也会更少。这种模式已经严重影响了男性的健康。同样，尽管男性更容易滥用药品，但是他们也不太可能为此寻求帮助。

关键就在于，我们大可不必在展示下列内容时，像喜剧演员那样夸张、引人注目。

原始本能（**P**rimal）	神秘悬疑（**M**ystery）	进入记忆（**M**emory）
情绪情感（**A**ffective）	轻松休闲（**E**ase）	自动模式（**A**utopilot）
自我相关（**S**elf-relevant）	讲述故事（**N**arrative）	启动效应（**P**riming）
出其不意（**S**urprising）		

你只需要在创作信息的时候记住，如果迷路了，千万不能指望他们去问路，你应该塞给男人一张地图。

这是你用来创建完美沟通方式的宝典；你只需确保每次都能在创建黏性信息时遵循这一流程。

1. 引人注意

人们往往十分忙碌并且容易分心，他们的注意力也相对有限。然而，世界上却存在着大量的信息。人们能够注意到你的信息吗？

如果想要使你的信息脱颖而出，就必须确保信息中至少包含了下列中的一项。

- **原始本能**。你的信息中是否包含：与食物，尤其是高热量食物相关的图片或词语；明确提及性或是影射性的图片或文字，或者是帅哥靓女的照片；抑或是一张脸，不论它有多简单，甚至仅仅是一些表情符号？
- **情绪情感**。你的信息中是否包含：与"爱"等情感有关的词汇；带有情绪的表情的图片；脏话之类的高唤醒词；小狗、小猫或是婴儿这类与婴儿图式一致的刺激；蛇、蜘蛛或鲨鱼等在生物学上具有威胁的刺激物；暴力或暴力威胁；其他任何能够唤醒情绪的刺激，无论是好是坏？
- **自我相关**。你的信息中是否包含：对受众而言属于私密的信息，无论是他们的脸、名字，还是姓名的首字母缩写；如"我"这类第一人称单数代词；名人推荐或是周期性介绍这类经常能够在脑海中出现的非个人刺激；其他根据受众的个性或品味定制的个性化信息？
- **出其不意**。你的信息中是否包含：噪音，尤其是大分贝噪音；动图，特别是出现了大量动作或场景变换的图像；在色彩、运动或声音上与

第五部分 投入实践 145

周围环境形成对比的刺激；打破既定模式或不符合心理预期的刺激；从未见过的景象；其他未曾预料到会出现在信息中的内容？

2. 发人深省

吸引别人的注意还只是第一步。如果人们没有"吸收"你的信息，就不会记得它的内容，信息也就无法对他们的思想和行为产生影响。

为了保证人们会对你的信息进行认知加工，从而使其发挥作用，你的信息至少应实现下列中的某一项。

- **神秘悬疑**。你的信息中是否包含：需要受众去解的谜题或谜语；无法立刻理解或不能马上给出明确回答的东西；恰当地缺少了部分信息，从而使人们想去了解更多内容的信息；一个问题；一个吸引人的比喻？
- **轻松休闲**。你的信息是否：尽量简短；使用了简洁具体的语言；尽量使用了图片；通过巧妙的设计，尽可能使人们可以很容易地记住关键信息；尽可能少对受众提出要求；通过提出建议，使人们能够尽可能轻松地完成任务？
- **讲述故事**。你的信息是否存在故事情节：醒目的主角心怀目标，随着故事的不断展开，他开始逐渐实现这些目标；故事由开篇提示、介绍矛盾冲突的开头、主角开始解决矛盾的中间部分，以及基本解决问题的结尾所构成？

3. 促人行动

被注意和处理的信息将比其他信息更有效——一旦被吸收，它影响行为的能力就会增强。

如果想让信息对行为产生进一步的影响，就要保证你的信息能够进入人们的记忆。

- **进入记忆**。你的信息是否：通过重复来强调信息中的关键点；把关键信息放在开头或是结尾；确保关键信息的情绪唤醒度比其他内容更高？全面使用了前三条原则，使它比其他信息更容易记住？

此外，确保你的信息至少使用了下列技巧中的一项来增强其说服力。

- **自动模式**。你的信息中是否包含：稀缺信号，从而使期望行为变得更加紧迫；能够感知到的社会认同，从而使期望行为看起来更受欢迎；权威的暗示，从而使期望行为可以更容易被接受；鼓励人们通过期望行为换取礼物的互惠性；使信息及其目标行为更容易为受众所接受的喜好；或是使受众将自己与期望行为捆绑在一起的承诺与一致性。
- **启动效应**。你的信息是否使用了适当的刺激在受众脑中植入某些想法，以影响他们的行为。例如，通过超级英雄的形象来鼓励人们的亲社会行为？

在美国，感恩节后的星期五被称作"黑色星期五"；在这一天，商场会提前开门营业，并且用圣诞节前的促销活动吸引顾客。2008年，2000多名狂热的购物者早早冲进了长岛沃尔玛超市的大门，以便赶在其他人前面抢下打折商品。在这场踩踏事件中，一名沃尔玛员工被撞倒在地，踩踏致死。

黑色星期五似乎是一场由贪欲驱使的混乱狂欢。自2006年起，黑色星期五共造成89人受伤，其中有41人对他人使用了防狼喷雾，2012年，甚至有两人被枪杀。

消费者完全失去了理智——与传统的促销方式截然不同。

成功的广告并不是那些试图向观众传授知识或是说服他们的广告，它的目的就是为了能够进入记忆。也就是说，从本质上来说，广告使得品牌具有了自我关联性，从而使它更有可能吸引消费者的注意力。

之前提过的达萨尼实验为我们提供了最佳的例证：如果实验被试没有接触过任何隐晦地含有达萨尼这一品牌的图片，会有17%的人选择该品牌的饮料；而在见过12张此类照片之后，这一比例上升到了40%。广告最终会使消费者记住这个品牌，从而影响他们的选择。因此，增强广告有效性的秘诀如表13-1所示。

表13-1　　　　　　　　　　增强广告有效性的秘诀

成功突围	+吸引关注	+维持兴趣
利用情绪、惊讶、性、食物或脸来确保你的广告能够抓住忙碌的消费者的眼球	确保你的广告或是系列广告具有故事情节。或者说，能够诱发观众的好奇心	使用一项达到策略：重复关键信息。在广告中使用一致的元素，从而使其更具黏性

除广告外的其他促销活动也与之类似。

英国约 50% 的快速消费品都是在打折期间售出的，平均折扣率为 26%。对于品牌来说，这是一大笔钱，可问题是，这笔钱没有产生任何效果。尽管打折可能会在短期内带来销售的增长，但是从长远来看，由于一系列原因，如品牌贬值、消费者拒绝以高于促销价的价格购买产品、消费者会在价格较低时囤积商品等，促销根本无法起到增加营业额的作用。

表面看来，品牌以促销为手段对消费者的选择施加了合理的影响。然而，研究表明，事实上，消费者未能以理性的方式利用这种折扣。例如，店内研究显示，只有不到 15% 的购物者能够记住他们刚刚放入购物篮内的商品的价格。

相反，宣传材料应该增加产品的可获得性——也就是说，促销应该能够使人们更容易看到或找到该品牌。从这个意义上来说，促销最重要的功能就是吸引人们关注该品牌。一项针对固定样本数据的大规模研究证明了这一点。该研究发现，不论折扣幅度多大，促销活动均能增加销售额：也许，促销能够对销售产生影响仅仅是因为它使人们开始关注该产品。店内的招牌可以使产品销售额增加 142%。

在这种情况下，只要抓住人们的注意力，价格促销的效果就可以大大提高。

更重要的是，巧妙利用启发式也能提高促销的有效性，这些可以用来助推行为。例如，只要在促销宣传中加上一句"为冰箱购满 18 份"，人们就会购买更多的冰激凌三明治。

表 13–2　　　　　　　　　　　增强促销有效性的公式

吸引人们关注产品	+ 吸引人们购买产品
利用下列技巧使人们关注你的产品：色彩对比；动图；声音；情绪；脸；食物；性；惊讶；个性化	使用启发式：增加人们对于购买产品所能获得的益处的感知（例如，稀缺性能够增加产品价值）；减少他们对于成本的感知（价格心理学）

总的来说，消费者是认知吝啬鬼，他们很少会花时间去思考或关心品牌；对于一个品牌而言，最重要的事情就是使人们能够注意到它，并且使他们很容易就能购买到产品。本书所列的吸引人们注意力的原则可以应用到促销活动之中。

引人注意

- 只有富有创意或能够调动情绪的促销才能获得成功。理性的论据是锦上添花：它们是很好的辅助材料，但绝不是必要条件。同样，尽管以性为卖点已经是陈词滥调，但依旧屡试不爽。此外，可爱的动物和婴儿也绝对不会失败，蜘蛛和蛇这类吓人的东西亦是如此。

- **别管人们的态度**。不要担心观众是否会喜欢你的广告（多数人根本就无所谓），关键在于他们要能够记住这则广告。赢得好感重要还是售出产品重要？

- **尽可能使用图像，尤其是动图**。同样，噪音更容易吸引人们的注意，尤其是高分贝的噪音。

- **利用新技术尽可能使广告吸引眼球**。无论是通过"大数据"使网页横幅广告更具个性化，还是用电视屏幕广告代替传统的海报，抑或是使用面部编码这样的技术使广告能够对人们的微笑做出回应。

- **尽可能制作个性化广告**。在大众传媒中播放定制广告的想法并不是完全可行，因此利用名人或节日等常见的刺激是一种更好的办法。

- **通过促销材料使人们注意到店内的产品**。吸引注意是首要任务，而不是折扣力度的宣传。我们往往会喜欢自己看到的东西，而不是看到我们喜欢的东西。

- **运用情感、原始本能、个性化和惊讶等原则，使店内的宣传材料尽可能吸引眼球**。例如，使用一种不寻常的颜色来制作宣传板或是在上面加上一张小猫的照片。

- **特色资产**。它们可以让消费者更容易注意、发现和记住品牌，而且如果能够经过恰当的处理，它们也能很好地吸引注意力。

特色资产

有一种品牌原则可以将所有这些元素结合在一起，并且增强广告的效力，这就是特色资产（distinctive assets）。其指的是商标、色彩、字体、广告音乐、名人、吉祥物等品牌所特有的知觉元素。它们对品牌的成长而言至关重要。

一则典型的例子就是英国的猫粮品牌普瑞纳（Purina）。1998年，普瑞纳的单份湿猫粮产品的市场份额只有5%，而市场领导者伟嘉（Whiskas）已经对猫粮产品进行了革新。然而，在接下来的五年里，普瑞纳取代伟嘉成了市场的领军企业，而它在广告宣传方面的投入一直不到后者的一半。

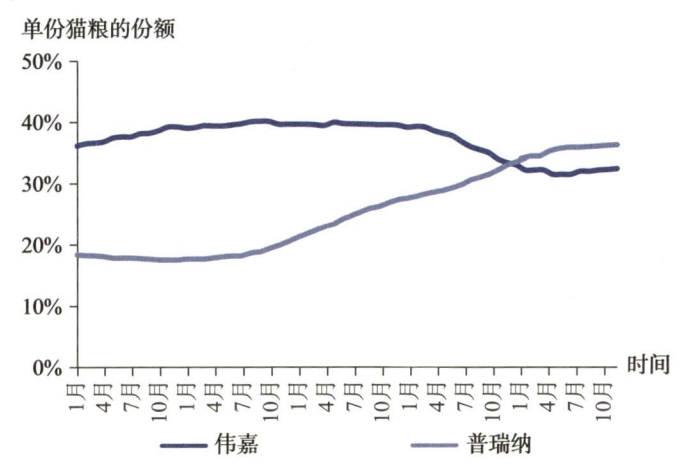

单份猫粮的份额

伟嘉　　普瑞纳

时间

几年间伟嘉尝试了许多不同（而且很重要的一点就是不一致）的广告宣传，普瑞纳则通过不同的排列组合一直在使用同一系列的广告，因此既保证了反复出现，又保证了新颖性。

广告投入（单位：百万英镑）

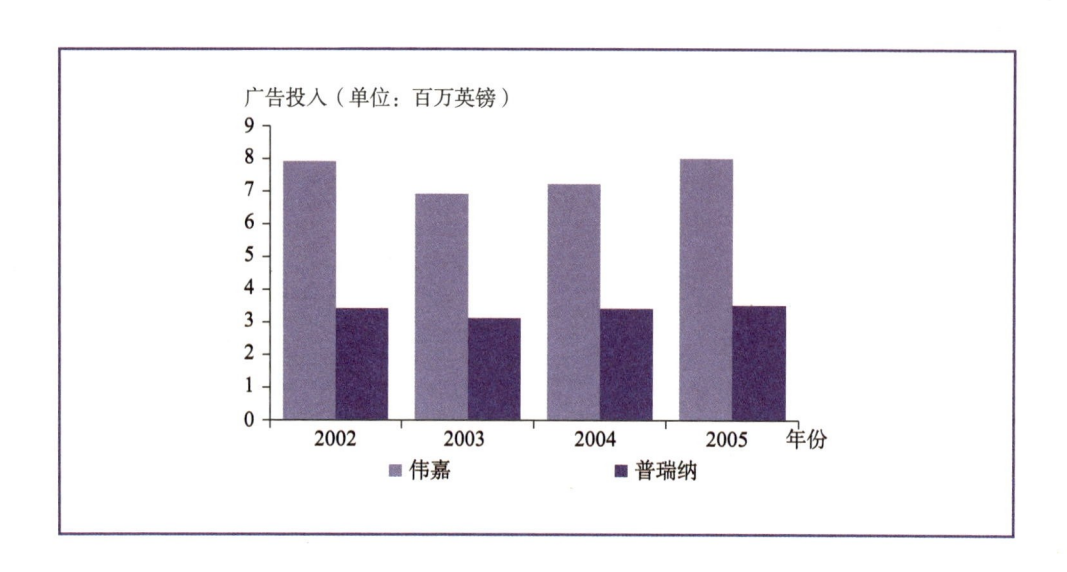

年份	伟嘉	普瑞纳
2002	7.9	3.4
2003	6.9	3.1
2004	7.2	3.4
2005	8.0	3.5

发人深省

- **在广告中融入故事情节**。有情节的广告比没有情节的广告更加有效。
- **广告应该简单**。越简单越好。事实上，研究表明，广告脚本的复杂性与其有效性呈负相关。同样，广告语和广告文案越简短越好。
- **优先使用图片而非文字**。无论是广告还是促销都是如此。
- **在广告中激发人们的好奇心和解谜欲望，从而调动观众的兴趣**。让观众去猜谜或是解谜。比喻尤其有效。
- **流畅是促销需要满足的首要条件**。要使产品尽可能容易找到并且买到（即最大限度地利用可获得性）。

促人行动

- **在制作广告时使用达到策略，从而使其能够发挥效用**。尽可能多地接触更多的人。
- **达到广告所处环境的情感巅峰**。例如，不要在具有强烈唤醒效果的性爱或暴力内容中插播广告。
- **不要让夸张的情绪抢走广告的关键信息**。因为人们很可能只记住了这些情绪。

- **可信度**对于广告的说服力来说十分重要。名人、个人陈述与统计数据都可以作为增强可信度的手段。
- **启动**。广告的总体目标应该是实现启动效应——也就是说,使品牌能够在人们的脑海中得到凸显,从而对他们的选择产生影响。
- 如果人们未能有意识地记住广告也不用担心。不是只有能够明确回忆起来的广告才能对行为产生影响(内隐记忆也很重要)。
- **价格心理启发式**对于促销来说至关重要。它们是一种性价比很高的有效方式,可以降低折扣对品牌造成的损失。我们在表 13-3 中提供了一些例子。

表 13-3　　　　　　　　　　重要的价格心理学原理

原理	解释
黄色背景	如果用黄色背景来书写价格/折扣,人们就会觉得这件产品更具价值,因为人们通常将黄色与折扣联系在一起
参考价格	通过比较参考价格(如"原价 2 英镑[①],现价 1 英镑")体现出促销价十分超值
字体	如果促销价的字体比参考价格小,消费者就会觉得促销价更为便宜(事实也是如此)
音素	如果价格中带有与低相关的音素[如 "teeny tiny(超低)"],人们就会认为这个价格更低——这就是为什么 99 大行其道的原因
产品描述	如果在价格旁标注"维护成本低"(而不是"可靠性高"),人们会更加觉得价格实惠
具有吸引力的价格	人们认为某些尾数价格尤其是 99,通常与价值相关;事实上,将尾数价格调至 99 可以增加销售额
精确的价格	人们喜欢四舍五入,因此,他们往往会认为尾数价格为 00 的售价更高,而精确的价格(如 1.26 英镑)则更低
捆绑销售	组合产品/价格可以增加产品的估值和销售,因为可以推断出存在折扣
水滴定价法	分阶段逐步将价格抬高至全价水平的做法十分有效,因为消费者在一开始可以通过更低的价格接触到产品
产品选项	如果在一开始使用"一应俱全"的功能,之后逐渐移除功能时,消费者就会为选项支付更多的钱,因为他们喜欢规避损失
价格长度	价格中所包含的数字越多,人们越感觉价格贵;所以最好抹掉零头,或者将尾数价格改小(如 1.26 英镑)
价格混淆	价格与痛苦的损失有关,因此隐藏价格标记(如取消货币标志 £)十分有益
时间限制	设定促销时限或者表示"售完为止"可以增加促销的效力

琼·腾格（Jean Twenge）的发现并不会令大多数人感到吃惊：我们正在变得越来越自恋。例如，其中的一项研究发现，最近，调查对象的自恋得分比20世纪80年代高出了30%。另一项实验则解释了可能导致这种现象的原因：实验被试或是在编辑完自己在MySpace上的档案，或是在使用了谷歌地图后，才开始进行标准的自恋测试，而且，你可能已经猜到了，前一组的自恋得分更高。

事实上，社交媒体（与互联网）正在占据我们生活中极其巨大的一部分，并且改变着我们的身份：事实上，它重塑了我们的大脑。据估计，人们每天发送的推文数量达到了五亿条，Twitter用户每天要花费近三分之一的时间盯着屏幕。

尽管从表面上看起来，这是一个让人们注意到信息的绝好机会，但是我们一定要意识到，不论是线上还是线下，人们都一样是认知吝啬鬼。一项研究表明，在线用户的平均注意力时长只有八秒。正是出于这个原因，许多研究已经证实，本书中所概述的旨在使信息发挥作用的原则十分有效。

某篇论文的作者利用计算机程序分析了《纽约时报》网站上三个月以来的所有文章。他对每篇文章都进行了情感分析，并就特定主题对文章中的单词进行了分析。研究人员还收集了这篇文章是否出现在该网站"邮件转发次数最多的文章"（即是不是很火）榜单上的相关数据。如图14–1所示，一篇文章的情绪性的标准差增加了18%，这使得它更有可能火爆。

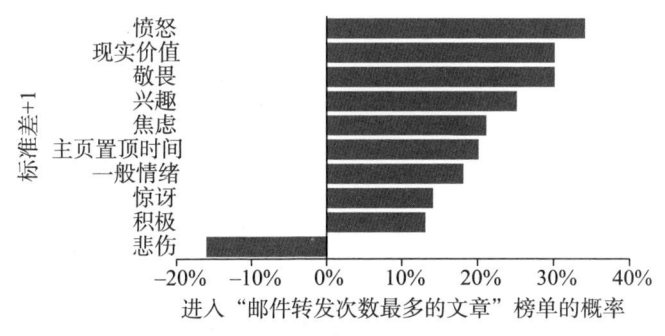

图 14–1 文章元素对传播度的影响

对于嗡嗡喂网站（Buzzfeed）头版新闻标题的分析进一步证实，这些原则具备让人们阅读在线内容的力量。旧金山一位软件工程师对嗡嗡喂的头版标题进行了研究。他先将这些标题拆成几个单词，然后记录下每篇文章在 Facebook 上的分享数量。从图 14–2 中可以发现，某些短语更受欢迎。

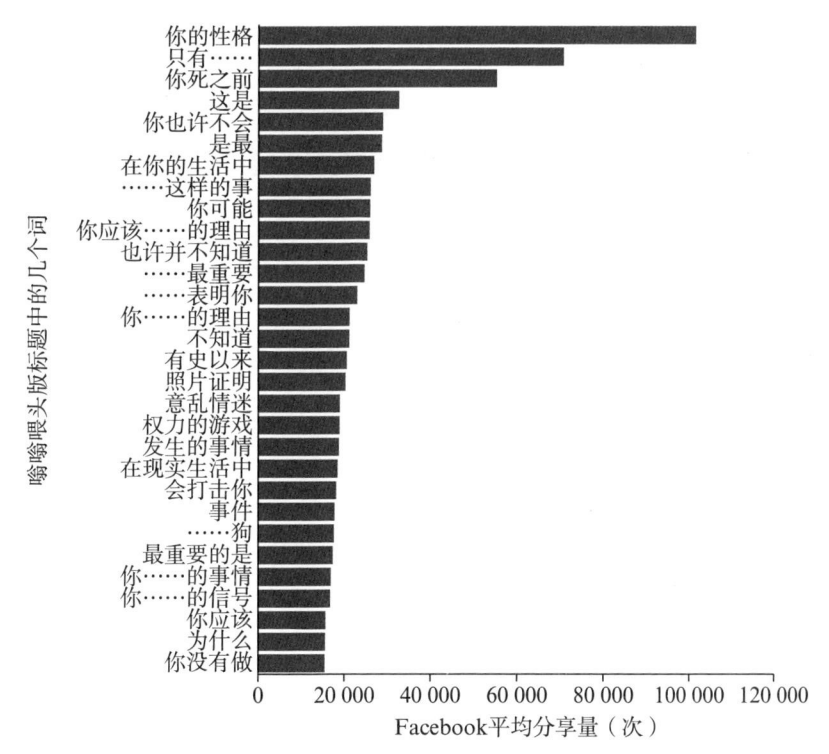

图 14–2 嗡嗡喂头版标题对 Facebook 分享量的影响

个性化这个主题占据了主导地位，许多最受欢迎的文章都向读者讲述了一些

第五部分 投入实践　155

有关读者自己的事情；好奇心也是一个主要因素，"你也许不知道"这类经典的链接诱饵十分流行。

> **线上促销案例**
>
> 奥利奥公司频繁使用了诸如 # wonderfilled 这类流畅的短语，并且在 2014 年加拿大冬季奥运会期间将它们融入有趣、富有情感并且引人入胜的活动中。最后，它的市场渗透率增加了 2.5%，市场份额增长了 16.3%。

最后，在线内容所遵循的有效性规则显然与其他信息相同，但是它对于记忆的要求可能没有这么高，因为在线内容通常时效性较高。除此之外，在线内容需要引起注意并激发行动；表 14-1 是具有情感的在线信息的组成公式。

表 14-1　　具有情感的在线信息组成公式

简单	+ 令人兴奋	+ 刺激人们做出行动
利用流畅性（列表尤其有效），保证信息简单、明了，在曝光度最高的时候发布信息	使用包含情绪高度唤起、令人惊讶或出人意料的短语；提供全新的信息。或者使用表情符号	采用的短语应该能够利用人们的好奇心促使他们点开信息或是利用启发式鼓励他们采取行动

总的来说，对于网络信息而言，人们依然是认知吝啬鬼——例如，他们对网站的反应时间只有二十分之一秒。要说有什么不同的话，那就是人们在互联网上的注意力可能更加分散。下面是线上促销原则的具体应用。

引人注意

- 研究显示，情感是社交动态更新与在线内容（如文章与视频等）最重要的因素。具体来说，它应该是高度唤醒的，而负面情绪往往比糟糕的情绪更好。
- 清楚人们在网络上寻找什么并据此吸引他们。举个很好的例子，一项研究发现，Kickstarter 网站众筹活动成功与否的一个强有力的预测因素是

"猫"这个词在宣传中的使用。

- **表情符号能够像人脸一样，吸引人们的注意力**。研究表明，大脑对表情符号的反应方式与对脸的反应相同，包含表情符号的推文更有可能被分享。

- **不论是线上还是线下，面孔都具有强大的力量**。例如，在你的头像或化身中使用清晰的面部图片能够引起人们的注意（并让他们喜欢你）。

- **个性化很容易在网上实现**。而且在可能的情况下，将人们的姓名、位置或其他个人信息包含在网上内容中是非常有效的——要最大限度地利用新的大数据机会来了解是什么让你的受众产生兴趣的。

- **确保内容具有自我相关性**。有关个人发现的内容和测验（例如："你是哪种类型的狗？"）非常受欢迎。

发人深省

- **利用好奇心原则，通过问题吸引潜在的读者**。一项研究发现，出现问号的推文更有可能被转发。

- **确保内容令人惊讶**。古怪、不直观或是新的信息会让读者感到好奇，并且鼓励他们点开链接。网上有很多"噪音"，人们非常渴望了解新鲜或是迷人的东西。

- **保持信息简洁，不要加入过多内容**。你想传达的一条关键信息是什么？尽管一项大型研究表明，更多有用的信息（比如标签或链接）可以增加推文的流行度，但它同样表明过多的信息反而有害；最佳长度是 100~120 个字符。

- **在最佳时间发布信息，最大限度地提高其数字的"物理有效率"**。在最繁忙的工作日和时段（通常是周末、午餐和晚上）发布内容。周末，Facebook 和 Twitter 的用户参与度比平时高出 32% 和 17%；而在工作日，Twitter 参与度最高的时候在中午 12 点到晚上 6 点之间。

- **在帖子里附上图片**。因为它们总能有效地吸引注意力并且传递信息。

- **尽可能地使用图表信息（至少包括图和表）**。它们非常适合传递信息，人们不仅喜欢阅读图表信息，而且也喜欢转发。

- **在 140 字的推文中，叙事本身的使用范围有限**。而单独使用同理心、原型和意义等技巧，都可以增强网络信息的影响力。

第五部分　投入实践　157

- 通过内容构建连续的故事。与其发布一系列推文，还不如用意义、神秘性和戏剧性将它们联系在一起，这样听众就会迫不及待地期待下一次更新。

促人行动

- **多次发布同一条信息。**事实证明，提醒帖子可以有效提高在线宣传的有效性。事实上，Kickstarter 的众筹活动能否成功的一个关键预测因素就是，它发出了多少封提醒邮件。
- **成为读者所阅读的新闻中的情感巅峰。**如果你在名人的丑闻刚被抖出来的时候就发帖，那么你的帖子可能会被人忽视与遗忘。
- **启发式将使社交内容更具行为说服力。**举个例子，如果使用了"稀缺性"这类启发式，Kickstarter 的宣传活动更有可能获得成功（比如，"您获得了……的机会"之类的文案）。
- **送给读者一些免费的东西鼓励他们做出互惠行为。**比如，可以免费下载的低成本赠品，甚至是一个笑话、天气预报或者有趣的事实都行。
- **不要不断地给听众发信息或是向他们寻求帮助。**在红迪网论坛的"比萨饼的随机行为"活动中，人们请陌生人为他们购买一块免运费的比萨饼外卖，活动能否获得成功的一个重要预测因素就是互惠行为——回报别人的善心。
- **在网上交流时，要诚实可信。**在网上交流时，因为信任度低而怀疑度高，所以要做到值得信任和可靠——使用正确的信号来做这件事（如使用权威启发式）。在"比萨饼的随机行为"中，用户的征信情况同样也是活动能否成功的有力预测因素。
- **如果可能的话，使用收件人的姓名，让其参与进来，鼓励他们产生喜爱之情。**与受众建立情感联系同样能够有效影响行为——例如，与他们谈论他们曾经购买的产品（例如："嗨，约翰，一月购买的烤面包机使用起来感觉还不错吧？"）
- **显示或暗示许多人正在阅读你的文章。**由此得出的社会认同可以增加受众的参与度。帖子的转发次数对于一个人是否会阅读它具有重要的影响。而如果文章获得了五星的评分，那不难预测人们会花更多时间去阅读它。

练习

有效的微博短文

利用上面所列的公式，重新撰写下面的微博短文：

1. 前列腺癌微博短文

请点击这里，为前列腺癌基金捐款，帮助14%的被诊断为前列腺癌的男性 #canceruk。

如何撰写一则改进版的新推文，使它：

- 简单；
- 令人激动；
- 刺激人们采取行动。

现在把它们组合在一起。

2. 影院新闻微博短文

请点击这里，看一看明年我们的3D屏幕将呈现怎样的内容！

如何撰写一则改进版的新推文，使它：

- 简单；
- 令人激动；
- 刺激人们采取行动。

现在把它们组合在一起。

3. 快餐店菜单微博短文

全新鸡柳——绝不添加任何人工成分。

如何撰写一则改进版的新推文，使它：

- 简单；
- 令人激动；
- 刺激人们采取行动。

现在把它们组合在一起。

2014年1月,《每日邮报》上的一篇文章报道说,美国有一只讨厌垃圾邮件的猫——只要邮递员试图投递垃圾邮件,这只猫就会发动凶猛的袭击,他只能丢下一只手套落荒而逃。

事实上,塞进信箱里的所有东西都是这只猫攻击的对象,而且,它也许只是在展现它作为一只猫的本能,而不是对偶尔投入信箱的不受欢迎的空中百货(SkyMall)宣传册表示反感。然而,媒体对这个故事的诠释与宣传却凸显了一个要点:我们对广告直邮又爱又恨。

2004年,英国广播公司在纪录片《满腹怨气的英国人》(*Brassed-Off Britain*)中进行了一项民意调查,结果发现垃圾邮件是最令英国人恼火的事情——另一项调查为该结论提供了支持,它显示,三分之二的英国人讨厌广告直邮,近三分之一的人认为它干扰了自己的生活。如果可以选择的话,大多数人(77%)会选择不接受来自未曾打过交道的公司的广告直邮。

然而,事实上,广告直邮十分有效。也许人们很讨厌它,但是,就像之前提过的 HeadOn 和 Go Compare 的广告一样,它仍然效果很好。

一项针对市场营销人员的调查发现,在获取客户这个方面,广告直邮是投资回报最高的渠道。悉尼大学的研究人员甚至成功地给出了一个具体的回报率:在对澳大利亚一家主要零售商的基层销售情况进行了为期三周的观察之后,他们向居住在每家分店周边的消费者寄去了一份介绍最新促销活动的广告传单。传单所测试的所有类别的产品销售情况都受到了显著的影响,平均每周售出的产品数量均出现了不同程度的增长,如液体清洁剂增长了68%,而三明治机甚至飙升了1167%。

因此,不论对于哪家公司而言,广告直邮都是一种强大的工具——如何让其为你所用呢?

本章将通过在英国使用最广泛的两种广告直邮的方式——信函与电子邮件，来解释如何利用之前介绍的心理学原理来提高它的有效性。具体可以分为三个步骤。

我们需要做的第一件事就是让自己的信函或电子邮件引起人们的注意。2014年，英国消费者大约收到了 32 亿封未写明具体收件人的垃圾邮件。如果每封信函都与普通的 A4 纸一样厚，那么它们叠在一起的高度就将是珠穆朗玛峰的 18 倍，这还不包括写明了收件人的广告直邮。全球每天发送的垃圾电邮的数量也超过了 1000 亿封。由于我们的注意力能够持续的时间有限，很多此类信件都会被我们忽视。根据广告直邮协会的数据，只有 20% 和 54% 的人会直接打开电子邮件和信函而不管发件人是谁，这意味着很多人会选择性地打开他们的邮件。

一旦人们留意到了广告直邮，下一步就是促使他们打开并阅读。举例来说，如果一封电子邮件似乎是在推销某样东西，17% 的人会直接将其删除，收到信函的人中也有 9% 会这样做。因此，它不仅需要引起人们的注意，更重要的是其设计方式要能够真正引发受众的兴趣。

第三步当然是通过简单性与巧妙的"助推"，让收件人在读完信息之后采取行动。

表 15–1　　　　　　　　　　提高广告有效性的宝典

吸引人们关注信件	＋吸引人们打开信件	＋促使人们采取行动
在与收件人接触的时候通过个性化和/或惊讶；通过多重曝光来凸显信息	利用权威性、好奇心和/或叙事鼓励收件人真正阅读信件内容	一旦信件被打开，就使用启发式增强邮件或信函对行为的影响力

总的来说，尽管广告直邮数量庞大，而且消费者普遍对它持消极态度，但是相对而言，它是十分有效的，同时还可以通过心理学原理增强它的效力。

引人注意

- 对信件进行个性化的处理（如在信封正面或邮件的主题栏）。这样能使收件人接触信件时被它所吸引。蒙波格利医学院的研究人员在一项实验中向 1000 个家庭寄送了有关宫颈癌的资料，并告知如果他们将一张邮资已付的明信片寄回医学院的话，就有机会参与抽奖：在信封上写明收

第五部分　投入实践　　**161**

件人姓名的信函的回复率达到了21%，而仅标明"住户"的信件的回复率仅为13%。

- 通过记忆/启动效应使信息更具自我相关性。这样能引起收件人的注意。换句话说，通过在脑海中凸显信息，使收件人事先意识到这条信息。在回顾了300个研究项目之后，研究人员发现，如果在事先联系了收件人之后再给他们发送信函，调查完成的可能性会增加54%。

- 使用多种不同的接触点。事实上，接触点越多越好。例如，如果可能的话，可以发送一封电子邮件、一条短信以及一封信函。

- 在这一点上，出其不意也是吸引注意力的好方法。前提是性价比要高，确保信封（或者电子邮件）与众不同，这样收件人就不会随手将它扔进垃圾桶，而会打开看看。可以提高回应率的举措包括用绿色墨水书写地址，在信封上贴上一张贴纸，或是使用超大号信封。

- 使用不寻常的材料。皇家邮政通过生物统计学与神经统计学的方法发现，更有趣的信函（例如，剪成不同寻常的形状，加入了全息图，或是使用特别厚重的卡片书写的信函）更能吸引人们的注意力，并且更能赢得好感，带来积极的行动。

- 然而，要避免慈善呼吁常用的那种铺张感。这样的信封有可能会适得其反，因为这会暗示慈善机构正在浪费本应花在慈善事业上的钱。

吸引人们关注广告直邮的案例

在通过出其不意的广告直邮抓住收件人的注意力，促使他们阅读信息方面，菲斯卡尔（Fiskar）剪刀为我们做出了很好的范例——收件人收到的不是一封信函，而是一个精巧复杂的剪影，从而使其广告的回复率达到了53%，订单量也较上一个月增长了19%。

其次，英美邮轮公司嘉年华（Carnival）则向我们展示了如何通过个性化吸引收件人的注意力，促使他们阅读邮件内容，并且喜欢上这些信息，从而增加广告直邮的宣传效果。收件人收到的是一封完全根据他们在度假方面的喜好定制的邮件——该公司事先收集了相关信息。例如，一些人收到的信中提到，他们的孩子喜欢搭乘游轮，而另一些则集中介绍了21点和老虎机之类的赌博游戏。与前一年毫无个性化的广告相比，该计划的回应率增长了80%，预订率增加了37%。

发人深省

- **使用鼓励人们触摸信函的材料**，如果你打算寄出信函的话，这样人们才能接收到你的信息。触感会增强人们拥有某样东西的感觉，这意味着收件人不太可能丢弃这份信函，而是更有可能打开它。

- **使信息看得见，摸得着**。根据一篇论文，研究人员在向500名英国大学的工作人员发出了参与调查的邀请之后，发现72%的信函收件人做出了回应，而电子邮件的回复率只有34%。

- **通过挂号信来投递信函**。一项研究发现，这可以使填写问卷的人数增加一倍。你可以通过所有类似的方式使信息更加明显或突出。

- **在最佳日期与时段发送信息**。例如，有证据表明，周末前后投递的广告直邮的响应率最高，而人们点开电子邮件的概率最高的时段是周末，在工作日，上午点开电子邮件的概率最高。直销信件的效果比直销电邮要好；尽管有关资料表明，后者的性价比可能更高。

- **利用好奇心**。如一个空白主题栏，营造神秘感，吸引收件人点开邮件，阅读邮件正文。一项现场研究发现，如果在信封上写上一道谜题并且配上问号，就能显著增加广告直邮的有效性。

- **将信息嵌入故事之中**。收件人也许会打开信函去看一看故事究竟是如何发展的。一项研究发现，慈善组织会不断地通过故事展示人们的捐赠所起到的作用，从而增加慈善捐款的数额。

- **简单**。尽量保证信息简短，尽可能使用图片，这样能够使收件人更容易地理解信息。如果问卷的长度更短，回应的概率就会增加86%，如果在信封中附上一个已经贴好邮票的信封，回应率就会增加121%；电子邮件营销专家通过调查发现，直销电邮需要向下滚动屏幕的次数越少，包含的图片越多，就越有效。

促人行动

- 使收件人在接触信函时感受到权威性。这样可以使他们产生信任感，从而打开信函阅读信息。一项研究综述发现，大学等官方机构进行的调查的回应率比商业组织高出31%，而且信函的回应率要比电子邮件高出12%。

- 使用权威促使人们阅读信息，采取行动。例如，如果信函中有一封专家签名的附函，人们就更有可能完成调查表。

- 对待收件人要有风度，明确表明寄件人的身份，否则他们有可能不信任你。从公司邮箱（如 surveys@gold.ac.uk）发送的电子邮件的回复率要比从个人邮箱（如 p.fagan@gold.ac.uk）低。

- 尽可能确保收件人对发件人存在好感。一项研究发现，在广告直邮中加入一位有魅力的女性的照片，可以极大增强广告直邮的效果。

- 附上一份免费的小礼物，通过互惠鼓励人们采取行动——即使一个有趣的事实也行。

- 创造性地使用启发式。它有无限的可能。举个例子，未来折扣（future discounting）是指人们不像看重现在的钱那样看重未来的钱。在一项实验中，研究人员要求捐赠者"在未来的两个月内"增加捐赠额，结果，与"现在"相比，他们的捐赠额增加了32%。

练习

创建有效的广告直邮

你正在创作一份广告直邮——投递给所有小型锁匠公司客户的直销信函。现在，你给他们发送的是打印在A4纸上的信件，然后将它放入标准的棕色信封中，在信封上打印好收件人的名字。你如何改变下面的每一项，使它变得更加有效？假设不用考虑资金的问题。

你会对信封的形状和格式做怎样的改动？

你会在信封的正面写什么？

你会为信函正文增加一个怎样的句子？

英国人平均每周的工作时间高达 42.7 小时。除掉周末与节假日（尽管多数人依旧在工作），这意味着我们成年生活的三分之一都花在了工作上——这已经超过了我们成年生活中半数的清醒时光。

因此，职场会对我们的快乐与幸福产生重大的因果性影响也在情理之中。显然，顺风顺水的职场生活极具有价值。

毋庸置疑，心理因素对一个人能否获得职场成功具有显著的影响。例如，一项针对上市公司首席执行官的研究发现，一旦公司规模扩大到 4.4 亿美元营收，并且其相关薪酬增长到 18.7 万美元，他们说话的音高便会下降 22.1Hz。

事实上，有效的职场沟通首先与人际影响力有关。证据表明，无论是面试、商务演示还是广告推销，只要你能运用社会影响力，就会更加成功。美国投资银行家齐亚德·K. 阿卜杜勒–努尔（Ziad K. Abdelnour）曾经说过："你应该追求的是赢得尊重，而非仅仅获得关注。前者更为长远。"

话虽如此，但有效职场沟通的第二个关键点就是参与度——也就是让听众能够关注你所说的内容并对其进行认知处理。在所有的信息环境中，商务人士的注意广度都十分有限：据估计，在商务演示开始 10~15 分钟后，人们便会开始神游。

第三点则是启发法，你可以在职场沟通中利用启动效应来争取对自己有利的决策。善于发挥人际影响力的人往往能在职场之中表现出众。

表 16–1　　　　　　　　　有效的职场沟通宝典

受人欢迎	+吸引注意力	+"助推"
通过服饰、肢体语言、言语与行动成为一名富有魅力的演说家：尽量展现出威信并表现出自己的喜好	利用本书所列的原则——包括讲述故事、引发好奇心与出其不意——为你的信息增色	在信息中融入启发法与启动效应，使自己在商务会议与推销广告中占据上风

一般而言，职场的成功对我们的快乐与幸福而言至关重要。然而，我们是否对此进行了足够的思考呢？心理学能够帮助我们更加顺利地推销、演讲以及召开会议。

引人注意

- 在幻灯片中插入图片与动画以吸引受众的注意。你也可以加入音效，但是不能过量，因为声音会分散受众的注意力。研究表明，这些元素可以增强受众对于信息的理解。尽可能在演示过程中加入视频——无论如何都要避免单调、沉闷地念稿或演讲。
- 创造性地利用对比来引起受众的注意。例如，在讲到重点时大声击掌。
- 融入能够引起观众注意的情绪刺激（包括图像与文字在内）。例如，婴儿的照片、脸部照片，甚至咒骂的言辞等。
- 与人打招呼或做演示时展现出幽默感。幽默尤其能够激活杏仁体（即在情感上引起人们的注意）。
- 不要害怕与众不同。在演讲中加入感性图像、讲笑话与拍手等都能吸引观众的注意，不过也许你会担心人们对你的看法。但是，请记住，态度远不如行为来得重要。你是希望客户购买你的产品或服务呢，还是希望他们喜欢你这个人呢？
- **体现个人特色。**你不一定非得系着波点领结出席所有场合，但是独特、显眼的耳环或袖扣能使你在职业生涯中赢得别人的关注，同时又不会显得粗俗、愚笨。

发人深省

- 展示新鲜、有趣的内容。确保观众之前未曾听过相关内容。如果实在做不到这一点，那就争取用全新的方式对其进行诠释。
- 避免干巴巴地演示。换句话说，不要一条接一条地展示统计数据与要点。请记住，主宰我们的是"猴脑"，尽量让你的演示显得轻松、有趣。
- 讲故事。如果以叙事的形式来呈现信息，演讲的效果就会更好。
- 使用叙事性的案例、实例与统计数据。这样能使信息更具说服力且更令人难忘。
- 向听众提出设问或真实的问题，促使他们思考。研究表明，这可以增强商务演示的有效性。
- 通过推理解密激起听众的好奇心。将事实变成秘密，随着演讲的深入，逐渐揭开这层神秘的面纱，而不是在演讲开始时便急着抖包袱。
- 在演讲中加入谜题与练习，使它们变得更加有趣。如果受众需要开动脑筋解决问题，他们就能更好地记住演讲的内容。
- 面对面地沟通。最好面对面沟通，而不是通过短信、邮件或电话进行交流——至少也要举行视频会议。这能使沟通更加切实、具体，从而更具说服力。

促人行动

- 在整个演示过程中重复关键信息，加深人们的印象。同样也请确保在演示开始与结束时重复这些信息。
- 讨人喜欢，从而使演示具有说服力。一项研究录制了一位经理（事实上是一位演员）与员工互动的过程以及被试对他能力的评价。当这位经理展现出讨人喜欢的信号时（如询问员工："最近怎么样？"），人们便会认为他尤其能干。
- 利用相似性来赢得好感。例如，研究人员要求一些美国人听取求职者录制的音频并就他们是否愿意录用这位求职者进行评分。求职者的口音各不相同。结果表明，这些美国人更加青睐具有美国口音的求职者。
- 通过肢体语言赢得好感。例如，模仿人们的姿态、表情与手势，触碰他们的身体并对他们微笑。
- 尽可能展现出迷人的魅力！具有吸引力的求职者被录用的可能性更大，而体态肥胖的求职者在面试过程中往往不太顺利。
- 透露个人信息。例如，可以通过讲述自己的故事来说明某个观点。一项大型元分析发现，披露个人信息与获得好感之间存在显著相关，人们更喜欢那些愿意讲述自己生活故事的人。
- 不要过分讨人喜欢。因为权威性也具有极大的影响力，而它往往站在好感的对立面。对人格的研究已经发现，好人注定吃亏；对男人而言，和蔼可亲（即热情、友善、值得信任）与低收入相挂钩。因此，过多地点头和微笑有损职场权威与说服力。

- **透过服饰体现权威**。一项研究发现，人们普遍认为身着男性化服装的求职者，不论男女，都具备更强的能力，也更容易被录用；多年来的研究均显示，人们认为佩戴眼镜的人更加聪明、诚实、努力、可靠。

- **通过良好的目光接触体现权威**。面试官认为，不敢直视自己的面试者更不可靠，也更不可能录用他们。然而，一直紧盯对方也会产生相反的效果，不要做过了头！

- **坚定地握手**。这与面试官推荐某人担任这项职位的可能性呈正相关。

- **用权威的口吻发言**。加快语速，减少停顿，保持音量，降低音调并且抑扬顿挫可以实现更好的工作效果。

- **创造性地使用启发法**，将与会者、客户或同事"推向"自己所期望的方向。例如，这有可能在推销中对客户的谈判行为产生影响，或是在加薪评定时对雇主的谈判行为产生影响。也就是说，如果你在谈判开始时提出一个非常高（甚至是高得离谱）的金额，那么你最终能够谈成的金额就会高得多。

- **创造性地应用启动效应来影响对方的行为与决定**。例如，在谈判中称呼对方为"合作者"而非"对手"可以使他们更加配合，做出更大让步；如果事先遭遇了令人伤心的刺激，如观看了令人沮丧的视频等，对方就更有可能接受不公平的报价；不过，如果你提及金钱的次数过于频繁，对方有可能会变得个人主义和冷漠无情。

商务演示清单

你正在为一个重要的潜在客户准备演示文稿。请确保你的演示文稿中包含了以下各项内容。

- 叙事1：你的演示文稿是否自始至终都在讲述一则故事？
- 叙事2：你的演示文稿中是否包含了可以作为说明性案例的小故事？如果可以讲述你的亲身经历，那就再好不过了。

- 提问：你在演示的过程中向观众提出互动问题了吗？
- 练习：除了问题之外，你是否在演示过程中设计了吸引人的难题或是练习来调动观众的积极性？
- 神秘悬疑：你是否在演讲中透露了一些有趣的信息，但是直到最后才揭开它的面纱，以此来逗笑观众？
- 图像：在你的演示中，图像是否多于文字？
- 简单：你的演示文稿是否尽可能地短小、简单、具体？绝对不要用大量的统计数据和要点让人生厌，要保证即便是儿童也能够非常容易地理解你想要传达的所有要点。
- 对比：你是否在演示中使用了动图和/或声音？如果有视频的话，就再好不过了。
- 兴趣：你的演示中是否包含新鲜、有趣且令人兴奋的内容？即便无法做到全程如此，至少也要在某些特定的时刻提供一些此类信息。
- 喜爱：你是否在做演示前保持放松的心态并且魅力四射。一定要面带微笑，与观众进行眼神的交流。
- 权威性：你是否衣着得体，并且事先排练过缓慢、从容的肢体语言与演讲？事前进行演练和知道你要说什么至关重要。

助力器

进入会场或是登台之前，花几分钟时间练习权威姿势（power stance）。例如，靠住椅背，将脚架在桌子上，双手交叠在脑后——以此提高你在别人眼中的权威感。权威姿态包括占领大量空间以及舒展四肢。

来自哥伦比亚大学和哈佛大学的研究人员最近开展了一项研究。被试在完成一连串的优势心理和行为的测试之前，摆了两分钟的权威姿势。较之那些坐姿或站姿与低社会地位相关的人，不论从哪个指标来说，被试都享有更高的权力。例如，权威姿势会提升人们的权力感、冒险精神和睾丸激素水平。这是"多多伪装，梦想总会成真"的例子。会议或演讲开始前，先摆出自信的姿势两分钟，这样你就能表现出更多的权威与自信。

"生活……自有其法。"

杰夫·高布伦（Jeff Goldblum）在电影《侏罗纪公园》（Jurassic Park）中所饰演的英俊数学家伊恩·马尔科姆如是说。在一幕不可思议的场景中，高布伦利用塑料杯中的水向同行的古植物学家解释混沌理论：每次水滴落在她手上的时候，都会由于环境中不可预测的微小变化而沿着不同的路线滚落。《侏罗纪公园》的一个重要主题便是，生活极其混乱、不可预知且无法控制。

镜头再次切换到这只塑料杯时，杯身突然开始不停地颤动，宣告着一只雷克斯霸王龙的到来。在一系列不可预知的力量的共同作用下（例如，一位试图行窃的贪婪员工关闭了公园的安保措施），公园方倾尽全力也未能控制住恐龙的行动。

令人厌恶的墨菲定律——"凡事只要有可能出错就一定会出错"不仅仅存在于这部风靡一时的娱乐大片之中。据说，这是航空工程师爱德华·墨菲（Edward Murphy）在探索科学实验中存在的不一致或不寻常结果的过程中所创造的，因为一些实验因素确实很难控制。

问题就在于，世界是一个不可预知的混乱之所。我们以为能够奏效或是在别处有效的东西，或许在我们自己独特的情景下却无法发挥作用。

对于黏性信息的设计来说，这一点具有重要意义。

曾经有人向我提起过一位咨询师，他曾在广告直邮这个问题上向一家英国的大型品牌提出了建议——具体来说，就是如何修改促销信的措辞，使其更有效。该品牌目前通过被称作心理学绞肉机（psychological meat grinder）的随机抽样法来投放此类信函。信函被重新编排和组织，加入了情感、流畅性与启发式等内容。从理论上来说，它十分完美。

但事实上，这份促销信的反应率跌至了公司历史最低点。

本书讨论的所有内容均具有科学根据，而且坦率地说，它们比信息设计中普遍使用的猜想与假设有效得多。然而，在你自己独特的情景中亲自对它们进行测试依旧十分重要。

那么，应该如何做呢？

理想的做法是对行为进行测量。无论信息的内容是什么，你的最终目标几乎都对某种行动产生影响——访问某个网站、购买某种产品或是食用更多的水果蔬菜。

这一点必须通过随机对照实验来完成。简单地说，一群实验被试构成对照组，而在人口统计数据等重要变量上与之相匹配的另一群实验被试则是实验组。例如，在一项针对好奇心的测试中，对照组与实验组收到的 Twitter 信息可能分别是：“我们的网站能令你会心一笑”与"我们的网站能令你会心一笑吗"。

在某些情况下，我们很容易就能对结果行为进行测量：很容易在数字世界中进行分流测试（split-testing）。例如，收件人会随机收到两种电子邮件中的一种，而你只需要观察哪一种可以带来更大的点击量就行了。得益于 Mailchimp 与 Optimizely 等在线服务商，这一过程已经变得极其简单了。

然而，对结果行为的测量并不总是可行或令人满意的。例如，你可能想要测试一个新传单、新广告或包装的有效性，然后再花钱制作并冒险向全世界发布它。又或者，你想知道究竟为什么某条信息会比另一条更加有效。

在这种情况下，直接询问对方的做法就显得极具诱惑力。举例来说，如果你想知道人们是否会在看到你的广告宣传之后购买这款产品，那么，为什么不向实验组播放这则广告，然后直接询问他们："你会因此购买这款产品吗？"

遗憾的是，传统的调查方法存在诸多缺陷。例如，假设你是英国户外服装及装备零售公司 Blacks 的数字化战略经理。你正在创建一个新的网站，而且你想知道哪些因素会对人们在网上下单购买帐篷的行为产生影响。你会怎样进行测量呢？

一项研究确实为此建立了一个模拟网站，向人们展示价格、颜色、大小等各不相同的帐篷。实验被试在挑选完自己中意的帐篷之后，需要回答选中这个帐篷的理由。人们认为防风雨、驱蚊虫等属性应该最为重要，但其实最重要的因素是产品的展示顺序，最先出现的帐篷被选中的次数是其他帐篷的 2.5 倍。

直接询问法的主要问题就是，这些人几乎意识不到驱动自己行为的潜意识因

第五部分　投入实践　171

素；他们说不出自己为什么会以某种特定方式行事或是会对某条信息做出怎样的反应，因为他们根本就不清楚。

请记住："人类的大脑就像是拥有大脑皮层'新闻秘书'的猴脑，这些伶牙俐齿的秘书会为人类的行为炮制各种理由，而且往往会优先给出那些经过深思熟虑的解释，而非未加掩饰的想法。"

此外，调查方法也会受到一系列认知偏差的支配，人们所给出的答案也会因此而失效。例如，如果请人们分别利用 –5 到 +5 以及 0 到 11 这两套评分体系就托尼·布莱尔是否诚实这个问题进行评分，那么在前一种情况下，布莱尔的得分会更高；在另一项研究中，30% 的受访者就 1978 年颁布的农业贸易法案表达了自己的看法，可事实上，这部法案纯属子虚乌有。

其他直接问询的方法也许同样不太可靠，这往往是因为，如果要求人们以某种特定的方式作答，他们可能会备感压力；而新可口可乐在焦点小组的测试中反应很好。

因此，直接询问人们的看法并不总是一种很好的测试方式。另外，有研究表明，内隐（也就是间接或无意识的）方法往往能够更好地预测行为。下面，让我们来简要地介绍一下这些方法。

例如，内隐测试（implicit testing）利用反应时来测量记忆中无意识的联想。这种方法最初被用来测试被试心中无意识的种族歧视，这也是它最为出名的一项应用。例如，如果他们在是否要将"讨人喜欢"这样的褒义词归入"黑人/褒义词"这一类别时犹豫不决，但是却毫不犹豫地把"惹人厌"这类贬义词归为"黑人/贬义词"，那么，他们头脑中黑人与"坏"这个念头之间的联系就十分强烈。

内隐测试还可以测量人们对于信息的认知反应。例如，在阅读了宣传糖的危害的信息之后，人们能否更快地将"糖"与"坏"联系在一起？或者，它也可以用来测量信息的可记忆性，例如，在人们看到信息一周后测量他们识别信息元素的反应时。

从理论上来说，内隐测试具有无数种用途，这是它的优势之一。此外，它的成本低且易操作。它的成本可与问卷调查相媲美，而且可以通过网络进行管理。虽然内隐测试操作简单，但它却十分可靠。一项研究发现，它预测后续行为的能力仅次于功能性磁共振成像。

同时，眼动追踪需要利用摄像机来监控被试的眼球运动，这是一种可靠的视觉注意力指标。

就信息而言，眼动追踪是一项极其有用的工具，因为它可以测出人们是否关注了信息。我们之前曾讨论过，如果想让信息发挥作用，吸引注意至关重要。你也可以用眼动追踪来测量究竟信息中的哪些元素受到了人们的关注。例如，如果你想通过海报来宣传公司的让利活动，那么，人们究竟有没有看到降价的相关信息？另外，你还可以结合眼动追踪和其他方法来理解引发特定反应的信息元素。例如，你也许可以通过内隐测试得知，人们记住了信息，而眼动跟踪则可以告诉你，这是因为信息中含有一张头戴螺旋桨帽的猫的图片。

显然，眼动追踪是直接测量人们专注的具体内容的唯一途径。也就是说，看看人们是不是真正在看你想要传递的信息，还是说他们关心的是信息中的其他内容。然而，相对而言，这种方法操作困难且价格昂贵。

还有一些更加先进的心理学方法，比如对生理唤醒或大脑活动进行测量。尽管这些方法可以带来一些独特而迷人的见解——能够在预测现实世界的行为时，展现出难以置信的力量，但它们大都价格昂贵而且难以实施。不过，那些严肃的专业人士已经开始测试这些方法，并把它们整合到他们的"军火库"中了。

而无意识的方法比传统的调查或焦点小组更加可靠，因为后者忽略了无意识过程。事实上，决策同时涉及意识与无意识的思考，因此，研究表明，只有将两种测试方式结合在一起才能产生最佳的预测能力。

不过最终，我们还是要从所有方法中选择最适合的工具来完成这项任务。

信息测试四步走

1. 我的目标是什么

首先，你需要思考自己希望通过这条信息实现怎样的结果。多数时候是某种行为，如销量或捐赠的增长、网站流量的增加或是乱扔垃圾者人数的减少。然而，有时，这种目标可能会比较抽象，比如增加人们对沙拉的积极认识。你希望自己的信息能带来何种变化？

2. 如何实现目标

接下来，你需要考虑如何利用本书所介绍的原则来实现这一目标。例如，如果你想增加电子邮件的有效性，也许会想测试在邮件主题中加入"该

第五部分　投入实践　173

死的"这个词的效果；或者，你可能想看看如果用小猫的图片作为自己在约会网站的头像，能否获得更高的点击率。为了对之前设定的目标产生影响，你会做出怎样的改变？这是属于你的自变量。

3.什么方法可以充分体现这一点

现在，你需要决定采取哪种方法来测试改变自变量确实会对因变量产生影响。那么，如何测量因变量？也许就如同计算产品的销量、网站的点击量或是每小时扔下的垃圾件数一样简单。但对于认知或情绪等更加抽象的结果来说，选择可靠的方法就显得至关重要——也许并不是调查测试，毕竟调查存在局限性。

4.如何保证测试具备科学性

最后，既然你已经设计好了自己的测试，就要确保其具备科学性。例如，根据实验设计，你也许需要实验组与对照组。除了测试项目之外，两组的实验条件必须完全一致。你还必须对数据进行统计分析、核查统计显著性；此外，两组的样本数必须足够大。总的来说，如果想要获得有意义的结果，你的测试必须首先经得起检验。

看看下面这张图表。

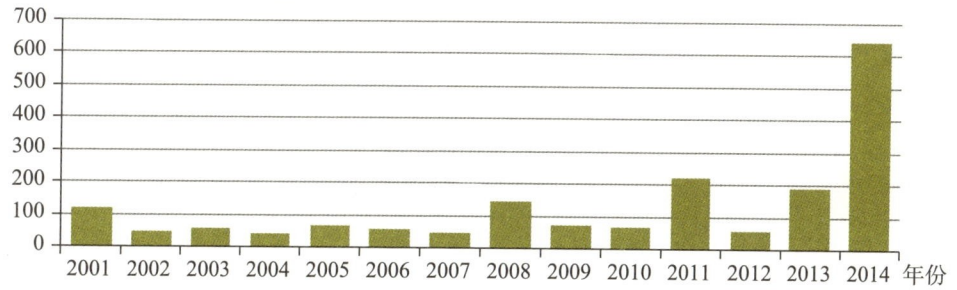

美国每年报告的麻疹病例数量（例）

年份	2001	2002	2003	2004	2005	2006	2007	2008	2009	2010	2011	2012	2013	2014
数量	约120	约40	约60	约35	约60	约50	约40	约135	约60	约55	约205	约40	约175	约620

由于担心麻风腮疫苗会引发自闭症，许多美国父母拒绝为孩子接种该种疫苗。

事实上，他们的担忧完全没有必要。大量可靠的研究均已证实了这一点。此外，最早提出疫苗与自闭症之间存在关联的论文已被证实存在造假行为并且被杂志撤回，撰文的医生甚至也被吊销了行医执照。

但问题是，这些都是非常理性的论据。

而另一方面，反麻风腮疫苗的游说活动却极具有黏性：恐惧既能博人眼球，又能强烈地刺激行为；"所有疫苗都有害"这条消息简单、易懂；游说活动借助叙事的力量呈现了儿童在接受了疫苗注射之后患上自闭症的病例；于是父母们纷纷效仿朋友以及珍妮·麦卡锡（Jenny McCarthy）等大众喜爱并且信任的名人的做法。而枯燥的双盲研究却没有使用这些技巧。

已故的遁世大师克里斯托弗·希钦斯（Christopher Hitchens）曾经说过："我们与黑猩猩之间只存在半个染色体的差异，而这种差异已经开始显现。"我们应该牢记这一点。事实上，我们不过就是勉强得到进化的猴子而已：不论思想如何驰骋，我们的行为都会受到基本不变的原则的影响，而这些原则远比我们愿意承认的要简单。

例如，你是否知道，在一起曝光度极高的自杀案所发生的月份中，全美国的自杀率增长了3%？

因此，如果你在设计信息的时候只知道关注它的说服力与合理性，那么，你也就只能走这么远。一个合理的省钱理由并不会为一家比价网站寻到销路。但是一只操着搞笑口音的猫鼬却可以做到这一点。如果你希望自己的信息具有黏性，采用"有样学样"策略的成功概率绝对要比采用经济人假设更高。

现在，你也可以开始发挥小狗的神奇力量，用原始、个性化且令人惊讶的信息，立即抓住人们的眼球；你可以通过故事、简明性与好奇心，让人们接受你所传达的信息；你也可以借助记忆、启动效应以及对于人类自动模式的理解对人们的行为产生影响。总之，你已经掌握了创造有效信息的所有技巧。

那么，现在就动手吧——用你的信息吸引人们的眼球！

练习

支持麻风腮疫苗

反麻风腮疫苗游说活动的信息极具黏性，对人们的行为产生了极大的影响。

迄今为止，各国政府的回应往往以理性思维为目标。例如，澳大利亚前总理托尼·阿博特（Tony Abbot）曾宣布，如果家长不为子女注射疫苗，就有可能无法继续享受政府发放的儿童保育福利。尽管大量研究表明，财政激励可能并不是一种很好的激励因素。

如何利用你在书中学到的技巧，向澳大利亚政府提出建议呢？

首先，设计一款倡导注射麻风腮疫苗的海报：海报应该呈现出怎样的风格？包括哪些内容？如何撰写宣传词（即标题）？请记住，你需要吸引人们的注意力，让人们"正视"海报上的信息，并且使信息对他们的行为产生影响。

接着，假设澳大利亚政府正打算给所有的家庭写一封信，鼓励父母带孩子去接种疫苗。你能在信中加一句话，从而增强整封信的效果吗？

Authorized translation from the English language edition, entitled Hooked: Why cute sells… and other marketing magic that we just can't resist, by Patrick Fagan, published by Pearson Education Limited.

All rights reserved. No part of this book may be reproduced or transmitted in any form or by any means, electronic or mechanical, including photocopying, recording or by any information storage retrieval system, without permission from Pearson Education Limited.

CHINESE SIMPLIFIED language edition published by CHINA RENMIN UNIVERSITY PRESS CO., LTD., Copyright © 2020.

This edition is manufactured in the People's Republic of China, and is authorized for sale and distribution in the People's Republic of China exclusively(except Taiwan, Hong Kong SAR and Macau SAR).

本书中文简体字版由培生教育出版公司授权中国人民大学出版社在中华人民共和国境内（不包括台湾地区、香港特别行政区和澳门特别行政区）出版发行。未经出版者书面许可，不得以任何形式复制或抄袭本书的任何部分。

本书封面贴有 Pearson Education（培生教育出版集团）激光防伪标签。无标签者不得销售。

版权所有，侵权必究

北京阅想时代文化发展有限责任公司为中国人民大学出版社有限公司下属的商业新知事业部，致力于经管类优秀出版物（外版书为主）的策划及出版，主要涉及经济管理、金融、投资理财、心理学、成功励志、生活等出版领域，下设"阅想·商业""阅想·财富""阅想·新知""阅想·心理""阅想·生活"以及"阅想·人文"等多条产品线。致力于为国内商业人士提供涵盖先进、前沿的管理理念和思想的专业类图书和趋势类图书，同时也为满足商业人士的内心诉求，打造一系列提倡心理和生活健康的心理学图书和生活管理类图书。

《最后一英里：影响和改变人类决策的行为洞察力》

- 行为洞察力的提出者、世界知名行为科学家的经典力作。
- 用行为科学思维解决决定成败的"最后一英里"问题。
- 通过行为助推设计帮助人们做出最佳决策。

《热搜：搜索排名营销大揭秘》

- 深度揭秘零成本搜索营销背后的运作规律。
- 以最小成本、最快速度获得海量的曝光和点击量，助力企业登上热搜榜，实现指数级的销售转化率。

《爆红：让内容、视频及产品疯传的九个营销秘诀》

- 人人都想了解这个世界最流行的观念是如何被人们疯传的，渴望创造出让人们忍不住分享的内容、视频和好点子，梦想自己能迅速蹿红，让品牌一夜之间家喻户晓。
- 本书作者通过对心理学、数学和经济学等不同领域的前沿研究以及相关案例的分析，解释了内容为什么能像病毒般疯传，分析了产品、品牌、内容以及个人迅速蹿红背后的原因与规律，总结出爆红的九大营销秘诀。

《学会销售：销售冠军的刻意练习（第2版）》

- 来自 300 多位一线成功销售人员的经验总结，备受销售人员欢迎的销售实战指南，成为销售冠军的必读书。
- 本书的两位作者杰里米·卡斯尔和汤姆·伯德拥有超过 30 年专门从事销售与发展的经验，并为各类企业提供独家定制的内部销售、谈判和影响力方案以及一对一辅导。

《UI 设计心理学》

- 一本为 UI 设计师、营销人员、产品开发人员量身定制的设计心理学书。
- 揭示用户点击及消费行为背后的心理奥秘，吸引用户点击和关注。
- 提高交互界面说服力，成功将流量转化为网络红利。

《新营销实操：从新手到高手（原书第 5 版）》

- 营销是一门艺术，更是一门科学。营销人员必须以开放的心态学会观察、分析和参与到市场未来的发展变化中去，全面掌握营销的各个环节的知识，深入了解目标市场在购买过程实际发生前、发生中以及发生后的购买动机及购买行为，才能科学合理地设计营销传播方案，以保证在资源允许的情况下尽可能地达成有效的营销推广目的，从而掌握话语权，在董事会占有一席之地。
- 无论是新手入门还是资深营销人员精进，无论你在市场营销部门从事哪个岗位的工作，相信你都能从本书中找到与自身工作相对应的知识点和实操技巧。

《如何营销才有效：高效能数字营销10大盈利法则》

- 在数字营销的世界中，对于那些想要借助数字媒体平台开展高效能营销的品牌和营销人员来说，无论获得了多少浏览量，还是有多少粉丝或者点击量都不重要，最重要的只有一件事：你的营销有效吗？

- 全球最大的广告集团之一 WPP 集团所倡导的"它有效吗"方法，不仅会改变企业和品牌看待数据、创意、数字营销和客户关系以及聘用员工、划分行动优先顺序的方式，而且还会改变企业和品牌与代理公司、商业客户以及消费者的关系，甚至改变那些无法满足需要的营销思想、模式和策略，帮助企业和品牌实现盈利。

《大数据营销分析与实战解析》

- 如果说数据是寻找企业可持续发展途径的线索与资源，那么大数据营销分析就是将资源转化为优势、预知企业未来的工具与能力。
- 企业管理人员进行营销资源配置、精准锁定营销目标的必读书，美国商学院 MBA 营销分析课程指定用书，以真实的商业场景和案例数据展现营销分析在商业实践中的巨大作用。

《互联网商业的下半场：打造以人性为圆心、以科技为半径的商业模式》

- 随着人工智能和 IT 技术的发展，以科技为圆心、以资本为半径的互联网商业的上半场已离我们远去，以人性为圆心、以科技为半径的互联网商业的下半场已开启。
- 在面对以顾客为中心、以人性为主导的互联网下半场时，本书作者从消费者心理的视角，强调企业在互联网时代下半场该如何围绕以顾客为中心来展开产品和服务的提供。
- 本书作者是心理管理学家、玩具思维创始人、北京大学创业训练营导师，在书中不仅巧妙结合心理学知识来描述商业运营的原理，而且列举了大量的鲜活案例为企业不得不面对的问题，诸如消费者进化的未来趋势是什么、如何满足消费者完整的需求、未来产品应必备怎样的核心能力、如何树立互联网时代的全新产品观、消费者身份意识的迭代演变成什么了、粉丝忠诚度的维护秘诀是什么、顾客消费习惯的变革模式是什么等给出了解决方案。